Haydi Tatile!

Türkisch für den Urlaub

Hasan Çakır und Daniel Krasa

Hueber Verlag

3. 2. 1. | Die letzten Ziffern
2017 16 15 14 13 | bezeichnen Zahl und Jahr des Druckes.
Alle Drucke dieser Auflage können, da unverändert, nebeneinander benutzt werden.
1. Auflage

Covergestaltung: Sieveking · Verlagsservice, München
Coverfoto: © Getty Images/Frank Herholdt
Redaktion: Jürgen Frank, Hueber Verlag, Ismaning
Layout und Satz: Sieveking · Verlagsservice, München
Druck und Bindung: Himmer AG, Augsburg
Printed in Germany
ISBN 978-3-19-807243-1

Vorwort

Liebe Leserin, lieber Leser, liebe Türkeifans,

Sie sind Sprachanfänger und spielen mit dem Gedanken, Türkisch für den Urlaub zu lernen? Dann ist unser Urlaubskurs *Haydi Tatile!* genau das Richtige für Sie. *Haydi Tatile!* ist ein einbändiges Lehrwerk für Erwachsene, das unterhalb des Niveaus A1 angesiedelt ist. *Haydi Tatile!* bietet einen entspannten und unterhaltsamen Einstieg in die türkische Sprache. Dabei konzentrieren sich die Inhalte auf das, was Sie für die sprachliche Bewältigung der wichtigsten Urlaubssituationen benötigen.

Die zwölf Lektionen, die jeweils eine Unterrichtseinheit abdecken, haben einen klaren Aufbau und in den Übungen trainieren Sie die Redewendungen und den Wortschatz auf abwechslungsreiche Weise. Auf eine Vertiefung der Grammatik wurde bewusst verzichtet, Grammatikliebhaber können aber im Anhang in einer systematischen Grammatikübersicht die wichtigsten Strukturen und Regeln nachschlagen. *Haydi Tatile!* vermittelt darüber hinaus interessante Einblicke in die türkische Alltagskultur.

Nach Lektion sechs und zwölf können Sie in zwei Tests Ihren Kenntnisstand überprüfen. Im Anhang befinden sich zusätzlich zu dem Grammatiküberblick die Lösungen der Übungen sowie ein alphabetisches Wortschatzverzeichnis Türkisch – Deutsch.

Jede Lektion beginnt mit einer kurzen Übung, die in das jeweilige Thema einführt und Ihr Vorwissen aktivieren soll. Es folgen zwei Dialoge zu den üblichen Situationen einer Urlaubsreise. Die in den Dialogen vorkommenden Redewendungen und Satzmuster werden in der Rubrik „Worauf es ankommt“ erläutert und in der Randspalte übersichtlich zum Lernen dargestellt. Unter dem Motto „Ein bisschen Grammatik“ werden einige für das Verständnis wichtige Grammatikstrukturen behandelt. Jeder Dialogseite ist eine Übungsseite zugeordnet, wo Sie das soeben Gelernte selbst anwenden können. Geübt werden Aussprache („Verständnis und Aussprache“), Hörverstehen („Hören und verstehen“) sowie die sprachliche Eigenproduktion. In der Rubrik „Das Wichtigste auf einen Blick“ sind nochmals die gängigsten Redewendungen der Lektion übersichtlich zum Lernen und Sichselbsttesten zusammengestellt. Abgeschlossen wird jede Lektion durch zwei informative Seiten zum Thema Landeskunde mit nützlichen Hintergrundinformationen und interessanten Porträts einiger türkischer Städte und Regionen.

In das Buch integriert ist eine Audio-CD, die die Dialoge, Aussprache- und Hörverständnisübungen sowie die Rubrik „Das Wichtigste auf einen Blick“ enthält. Die vertonten Texte sind im Buch jeweils mit einem CD-Symbol (CD) gekennzeichnet. Die Zahl neben dem Symbol gibt den Track an, den Sie ansteuern können.

Weitere Informationen und Hinweise – speziell für die Kursleiter – finden Sie im Internet unter www.hueber.de/urlaub.

Wir wünschen Ihnen viel Vergnügen, Erfolg und vor allem *İyi yolculuklar!* – Gute Reise!

Autoren und Verlag

Inhalt

Die erste Begegnung – İlk buluşma I

Was Sie in dieser Lektion lernen:
- wie man jemanden begrüßt und sich verabschiedet.
- wie man jemanden anredet und nach dem Befinden fragt.
- wie man jemanden vorstellt.
- wie man jemanden willkommen heißt.

Schon längst bekannt, nicht wahr?

Vielleicht haben Sie eine der folgenden Floskeln schon mal gehört. Können Sie jeder die richtige deutsche Übersetzung zuordnen? Fällt Ihnen an den Endungen der Wörter etwas auf? Ihre Kursleiterin oder Ihr Kursleiter erklärt Ihnen die genaue Bedeutung und anhand der einzelnen Floskeln auch etwas über die Vokalharmonie.

1. İyi günler.	a. Guten Abend.
2. İyi akşamlar.	b. Gute Reise.
3. İyi geceler.	c. Gute Nacht.
4. İyi yolculuklar.	d. Guten Tag.

Fallen Ihnen noch weitere türkische Wendungen ein?

Hoş geldiniz! (Herzlich willkommen!)
Sie haben sich dazu entschlossen, Türkisch zu lernen? Gratulation! Mit Kenntnis dieser schönen Sprache wird der nächste Urlaub in der Türkei sicher ein ganz besonderes Erlebnis.

Türkisch, die Suffixsprache
Im Türkischen werden Wortformen und grammatikalische Funktionen mithilfe von Suffixen (Endungen) gebildet. Bevor Sie zum ersten Dialog weiterblättern, machen Sie sich bitte mit der Vokalharmonie auf Seite 108 und 109 vertraut.

I a İyi günler! Nasılsınız?

Frau & Herr

... Hanım
Frau ...

... Bey
Herr ...

Sibel Hanım
Frau Sibel

Arif Bey
Herr Arif

Das werte Befinden?

Nasılsınız?
Wie geht es Ihnen?

İyiyim.
Es geht mir gut. (wörtlich: Gut ich bin.)

Ya siz?
Und Sie?

Ben de iyiyim.
Es geht mir auch gut.

Jemanden vorstellen

Tanıştırayım: ...
Darf ich (Ihnen/dir) ... vorstellen?

eşim
meine/n (Ehe-)Partner/in

karım
meine (Ehe-)Frau

kocam
meinen (Ehe-)Mann

nişanlım
mein/e Verlobte/r

hayat arkadaşım
meine/n Lebensgefährten/in

(kız) arkadaşım
meine (feste) Freundin

(erkek) arkadaşım
meinen (festen) Freund

Aussprache

ı wie e in „kommen", also ein kurzer, dumpfer Laut: günaydın (guten Morgen)
s wie stimmloses s in „Wasser": siz (ihr, Sie)
ş wie sch in „schön": arkadaş (Freund/in)
y wie j in „ja": hayat (Leben)
z wie stimmhaftes s in „Sommer": kız (Mädchen)

CD 1 **Hören Sie sich den folgenden Dialog an.**

- İyi günler Arif Bey.
- İyi günler Sibel Hanım. Nasılsınız?
- Teşekkür ederim, iyiyim. Ya siz?
- Teşekkür ederim. Ben de iyiyim. Tanıştırayım: eşim.
- Memnun oldum.
- Ben de memnun oldum.
- Görüşmek üzere!
- Güle güle! İyi yolculuklar!

»

Worauf es ankommt

Begrüßung Morgens bis mittags: *günaydın* (*guten Morgen*), danach: *iyi günler* (*guten Tag*). Nach Sonnenuntergang: *iyi akşamlar* (*guten Abend*). Unabhängig von der Uhrzeit: *merhaba* (*hallo*).

Verabschiedung Der Weggehende sagt: *görüşmek üzere* oder *allahaısmarladık* (*beide: auf Wiedersehen*), worauf der Bleibende erwidert: *güle güle* (*bis zum nächsten Mal*). Zusätzlich: Wünsche wie *iyi yolculuklar* (*gute Reise*) oder *iyi geceler* (*gute Nacht*).

Sehr erfreut! Lernt man jemanden kennen, sagt man: *memnun oldum* (*sehr erfreut*). Die Reaktion darauf ist: *ben de memnun oldum* oder *ben de* (*ganz meinerseits*).

Ein bisschen Grammatik

Artikellosigkeit: Im Türkischen gibt es keinen Artikel und kein grammatikalisches Geschlecht: *eş* → *(Ehe-)Partner/in*, *arkadaş* → *Freund/in*.

Das besitzanzeigende Suffix -im drückt einen Besitz oder eine Zugehörigkeit aus: *eş* *(Ehe-)Partner/in* → *eşim* *mein/e (Ehe-)Partner/in*, *arkadaş* *(Freund/in)* → *arkadaşım* *(mein/e Freund/in)*. Endet ein Hauptwort auf einen Vokal, entfällt das i der Endung: *nişanlı* *(Verlobte/r)* → *nişanlım* *(mein/e Verlobte/r)*.

Das Mehrzahlsuffix -ler bildet die Mehrzahl von Hauptwörtern: *gün* *(Tag)* → *günler* *(Tage)*, *akşam* *(Abend)* → *akşamlar* *(Abende)*.

Übungen I a

1. Verständnis und Aussprache

1. İyi günler.
2. Memnun oldum.
3. Nasılsınız?
4. Ya siz?
5. İyiyim, teşekkür ederim.
6. Görüşmek üzere.

CD 2 Verstehen Sie die nebenstehenden Wörter und Sätze? Dann sprechen Sie sie bitte nach!

2. Was passt zusammen?

1. İyi akşamlar.
   a. İyi akşamlar.
   b. Tanıştırayım: kocam.
2. Nasılsınız?
   a. İyi akşamlar.
   b. İyiyim. Teşekkür ederim.
3. Tanıştırayım: eşim.
   a. Memnun oldum.
   b. Görüşmek üzere.
4. Görüşmek üzere.
   a. Nasılsınız?
   b. Güle güle.

Hier macht nur eine Reaktion Sinn. Wissen Sie, welche? Gut, dann spielen Sie das mit Ihrem Tischnachbarn einmal durch.

3. Bitte das besitzanzeigende Suffix *-im* einsetzen

Tanıştırayım: ***kardeşim***.

1. kardeş...
2. koca...
3. kar...
4. eş...
5. nişanlı...
6. arkadaş...

Setzen Sie die Personen 1–6 in den Beispielsatz ein und fügen Sie das Suffix *-im* an. Vorsicht Vokalharmonie!

4. Welche Entsprechung passt?

1. Günaydın.
2. Görüşmek üzere.
3. Merhaba.
4. Memnun oldum.
5. İyiyim.
6. İyi yolculuklar.

a. Hallo.
b. Es geht mir gut.
c. Sehr erfreut.
d. Guten Morgen.
e. Gute Reise.
f. Auf Wiedersehen.

Finden Sie die deutsche Entsprechung jedes türkischen Satzes?

5. Bitte nachspielen

- ● Merhaba ... Hanım/Bey. Nasılsınız?
- ♦ İyiyim, teşekkür ederim. Ya siz, nasılsınız?
- ● Teşekkür ederim. Ben de iyiyim.
- ♦ Tanıştırayım: ...
- ● Memnun oldum.

Spielen Sie jeweils zu zweit den Dialog A nach und improvisieren Sie mit den Ihnen bekannten Sätzen und Floskeln.

Ib Antalya'ya hoş geldin!

Wie geht's?

Nasılsın?
Wie geht's dir?

Ne var ne yok?
Wie geht's, wie steht's?

Ne haber?
Was gibt's Neues?

(Çok) iyiyim.
[Es geht mir] (sehr) gut.

Fena değil.
Nicht schlecht.

Şöyle böyle.
Es geht so.

Wie schade!

(Ne) yazık!
Oh je!/Wie schade!

Üzgünüm!
Das tut mir (für dich) leid!

Bekannte & Verwandte

arkadaşım
mein/e Freund/in

meslektaşım
mein Kollege/meine Kollegin

(erkek) kardeşim
mein Bruder

(kız) kardeşim
meine Schwester

Aussprache und Sonderzeichen

ç wie tsch in „Quatsch": çok (sehr)
h wie ein leicht gehauchtes h in „Haus": hoş (angenehm, erfreulich)
' steht zwischen Namen und Suffixen, wird allerdings nicht gesprochen: Ankara'ya (nach Ankara)

CD 3 Hören Sie sich den folgenden Dialog an.

- ♦ Merhaba Sibel! Nasılsın?
- ● Merhaba Arif. Ben iyiyim, ya sen?
- ♦ Şöyle böyle. Çok yorgunum.
- ● Tanıştırayım: kardeşim Adem, Arif.
- ■ Merhaba Arif.
- ♦ Merhaba Adem. Antalya'ya hoş geldin!
- ■ Hoş bulduk.
- ● Görüşürüz!
- ♦ Güle güle!

»

Worauf es ankommt

Begrüßung & Verabschiedung unter Freunden Begrüßung: merhaba oder selam (*alle: hallo, grüß dich*), zu mehreren jungen Leuten: merhaba gençler. Verabschiedung: von einer Person hoşça kal und von mehreren hoşça kalın (*beide: alles Gute*), alternativ: eyvallah (*tschüss*) oder görüşürüz (*man sieht sich*).

Willkommen! Man sagt z. B. *Türkiye'ye hoş geldin/geldiniz!* (*Sei/Seien Sie willkommen in der Türkei!*), also Ort + -(y)e hoş geldin/geldiniz! (*Sei/Seien Sie willkommen in/bei …!*): *İzmir'e hoş geldin!* (*Sei willkommen in Izmir!*) oder *Antalya'ya hoş geldiniz!* (*Seien Sie willkommen in Antalya!*). Die Erwiderung darauf ist: Hoş bulduk! (*wörtlich: Wir haben es angenehm gefunden!*)

Ein bisschen Grammatik

Sätze mit „sein": Im Präsens (Gegenwart) wird „sein" nicht mit einem eigenen Verb, sondern mithilfe von Suffixen – z. B. -(y)im für die ich-Form – ausgedrückt. In Verbindung mit einem Eigenschafts- oder Hauptwort kann man so einen einfachen Satz bilden: İyiyim. (*wörtlich: Gut ich bin. = Mir geht es gut.*), Yorgunum. (*Ich bin müde.*) oder Doktorum. (*Ich bin Arzt/Ärztin.*)

Die Pronomen ben (*ich*), sen (*du*) und o (*er/sie*) entfallen, wenn die Person durch die Verbform deutlich wird. Sie werden nur dann verwendet, wenn sie betont werden sollen: *Ben iyiyim, ya sen? – Ben de iyiyim.* (*Mir geht es gut, und dir? – Mir geht es auch gut.*)

Übungen I b

1. Verständnis und Aussprache

1. Merhaba gençler!
2. Ne var ne yok?
3. Şöyle böyle.
4. Nasılsın?
5. Yorgunum.
6. Hoşça kalın!

CD 4 Verstehen Sie diese Wendungen? Dann sprechen Sie sie bitte nach!

2. Bitte vervollständigen

Ben çok yorgunum.

1. çok yorgun...
2. çok dolu...
3. çok hasta...
4. çok iyi...
5. çok üzgün...
6. çok memnun...

Vervollständigen Sie die Sätze mit den passenden Suffixen zu **ben** (ich).
dolu = beschäftigt
hasta = krank
üzgün = traurig, betrübt
memnun = zufrieden, glücklich

3. Hören und verstehen

1. Sibel nasıl?
   a. İyi.
   b. Hasta.
2. Arif nasıl?
   a. Yorgun.
   b. Dolu.
3. Nur bir ...
   a. arkadaş
   b. meslektaş

CD 5 Hören Sie sich aufmerksam den Dialog auf der CD an und entscheiden Sie sich für die richtige Antwort bzw. Ergänzung.
bir = ein/e

4. Was passt zueinander?

1. Çok hastayım.
2. Merhaba.
3. Nasılsın?
4. Nasılsınız?
5. Yorgunum.
6. Çok iyi.

a. Wie geht es dir?
b. Ich bin müde.
c. Hallo.
d. Ich bin sehr krank.
e. Sehr gut.
f. Wie geht es Ihnen?

Finden Sie die deutsche Entsprechung jedes türkischen Satzes? Bitte abwechselnd mit dem Nachbarn durchgehen.

5. Bitte nachspielen

● Merhaba ... Nasılsın?
♦ Teşekkür ederim, iyiyim. Sen nasılsın?
● Şöyle böyle. Çok yorgunum.
...

Spielen Sie den Dialog B in Zweiergruppen nach und improvisieren Sie mit den Ihnen bekannten Wörtern und Wendungen.

I Das Wichtigste auf einen Blick

Allgemeines CD 6

ya
und, oder

(Ne) yazık!
Oh je!/Wie schade!

Freunde & Verwandte

eş
(Ehe-)Partner/in

karı
Ehefrau

koca
Ehemann

nişanlı
Verlobte/r

hayat arkadaşı
Lebensgefährte/in

kız arkadaş
feste Freundin

erkek arkadaş
fester Freund

arkadaş
Freund/in

meslektaş
Kollege/in

kız kardeş
Schwester

erkek kardeş
Bruder

Begrüßung & Wünsche

günaydın	guten Morgen
iyi günler	guten Tag/einen schönen Tag
iyi akşamlar	guten Abend/einen schönen Abend
merhaba/selam	hallo/grüß dich
iyi yolculuklar	gute Reise
iyi geceler	gute Nacht

Verabschiedung

görüşmek üzere	auf Wiedersehen/bis bald
allahaısmarladık	auf Wiedersehen
güle güle	bis zum nächsten Mal *(Erwiderung)*
eyvallah	tschüss
hoşça kal/kalın	alles Gute
yakında görüşmek üzere	bis bald
tekrar görüşmek üzere	bis zum nächsten Mal
görüşürüz	man sieht sich

Willkommen!

hoş geldin/geldiniz	willkommen
Türkiye'ye hoş geldin/geldiniz	willkommen in der Türkei
İstanbul'a hoş geldin/geldiniz	willkommen in Istanbul
hoş bulduk	wörtlich: wir haben es angenehm gefunden *(Erwiderung)*

Sehr erfreut!

memnun oldum	sehr erfreut/angenehm
ben de memnun oldum/ben de	ganz meinerseits

Befinden

Nasılsın?/Nasılsınız?	Wie geht es dir/Ihnen?
Ne var ne yok?	Wie geht's, wie steht's?
Ne haber?	Was gibt's Neues?
Nasıl gidiyor?	Wie läuft's denn so?
(Çok) iyiyim.	Es geht mir (sehr) gut.
Her şey tamam.	Alles O.K.
Fena değil.	Nicht schlecht.
Şöyle böyle.	Es geht so.

Vorstellen

Tanıştırayım: ...	Darf ich (dir/Ihnen) ... vorstellen?

Sen (du) oder siz (Sie)?

Unbekannte, Respektspersonen, Vorgesetzte sowie ältere Leute werden im Allgemeinen gesiezt, dabei entspricht das Personalpronomen *siz* (2. Person Mehrzahl = ihr) zugleich der höflichen Anrede (Sie). Ansonsten ist es üblich, seinen Gesprächspartner zu duzen.

Anrede und Titel

In der Regel spricht man sich mit Vornamen + *Bey* (Herr) bzw. *Hanım* (Frau) an, z. B. *Hasan Bey* oder *Alev Hanım*. Kennt man den/die Gesprächspartner/in etwas näher, kann man ohne Weiteres *Bey* bzw. *Hanım* weglassen und nur den Vornamen benutzen. Ist einem hingegen der Namen nicht bekannt und möchte man besonders respektvoll sein, so verwendet man die Ausdrücke *beyefendi* (mein Herr) und *hanımefendi* (meine Dame). Gleichaltrige und Jüngere werden gern mit *arkadaş* (Freund), *kardeş* (Bruder/Schwester) oder *birader* (Bruder) „betitelt", selbst wenn man nicht verwandt ist. Auch die Wörter *ağabey* (älterer Bruder), *abla* (ältere Schwester) sowie *amca* (Onkel) oder *teyze* (Tante) hört man im Gespräch mit älteren Personen. Vollkommen unüblich in der Anrede – zumindest außerhalb des akademischen Umfelds – sind Titel wie *doktor* (Dr.) etc.

Üblich ist: *memur hanım/memur bey* (Frau Beamtin/Herr Beamter – alle Staatsbeamten können so angesprochen werden), *doktor hanım/doktor bey* (Frau/Herr Doktor nur bei Ärzten), *hemşire hanım* (Frau Schwester), *hacı hanım/hacı bey* (Frau Hacı/Herr Hacı, die/der die Pilgerfaht nach Mekka gemacht hat), *imam efendi* (Herr Imam).

Begrüßungszeremonien

Auch in der Türkei ist der Handschlag die gängige Begrüßung. Jedoch besonders in strenggläubig muslimischen Kreisen lehnen viele diesen mit einer Person des anderen Geschlechts ab. Wangenküsse und Umarmungen sind besonders unter Freunden, Bekannten und Verwandten üblich. Eine Besonderheit ist außerdem, dass viele oftmals traditionell anmutende Grußfloskeln jeweils einen Gegengruß kennen. So antwortet man auf *selamünaleyküm* (Friede sei mit Euch) *aleykümselam* (und mit Euch ebenso) oder auf *hoş geldiniz* (seien Sie willkommen) mit *hoş bulduk* (danke, wörtlich: schön, Sie anzutreffen).

I Auf in den türkischen Kulturkreis!

İlk adım – Der erste Schritt

Glückwunsch! Sie haben die erste Lektion dieses Kurses erfolgreich gemeistert und befinden sich auf dem besten Weg, bald auch sprachlich fit für einen Aufenthalt in der Türkei zu sein. Ob für einen Bade-, Segel-, Abenteuer- oder Kultururlaub, das Land zwischen Europa und Asien bietet unendlich viele Möglichkeiten, um eine unvergessliche Zeit zu verbringen. In diesem Sprachkurs nehmen wir Sie mit auf eine Spritztour durch die Türkei, auf der Sie viele Regionen dieses traumhaften Reiselands kennenlernen.

Türkçe ve Türk dilleri – Türkisch und die Turksprachen

Türkisch ist Amtssprache in der Türkei und in Nordzypern sowie eine lokale Amtssprache in Mazedonien, Rumänien und im Kosovo. Es wird von etwa 70 Millionen Menschen in all diesen Ländern, aber natürlich auch überall sonst, wo es türkische Minderheiten gibt, gesprochen. Doch Ihre Sprachkenntnisse machen sich auch anderswo bezahlt, immerhin werden Turksprachen wie Aserbaidschanisch, Usbekisch oder Kasachisch von über 180 Millionen Menschen zwischen Europa und China gesprochen. Und dabei sind sich diese Sprachen ausgesprochen ähnlich, verfügen sie doch alle über eine äußerst logisch aufgebaute Grammatik ohne viele Ausnahmen oder schwierige Gesetzmäßigkeiten. Das auffälligste Beispiel haben Sie schon kennengelernt: So haben Hauptwörter kein grammatikalisches Geschlecht, z. B. *kardeş* (Bruder/Schwester). Erst mit Zusätzen wie *kız* (Mädchen) und *erkek* (Mann) kann man genau angeben, von wem die Rede ist: *kız kardeş* (Schwester) bzw. *erkek kardeş* (Bruder). Eine weitere Gemeinsamkeit ist die Vokalharmonie, die Sie ja auch bereits kennengelernt haben.

Sich kennenlernen – Tanışma 2

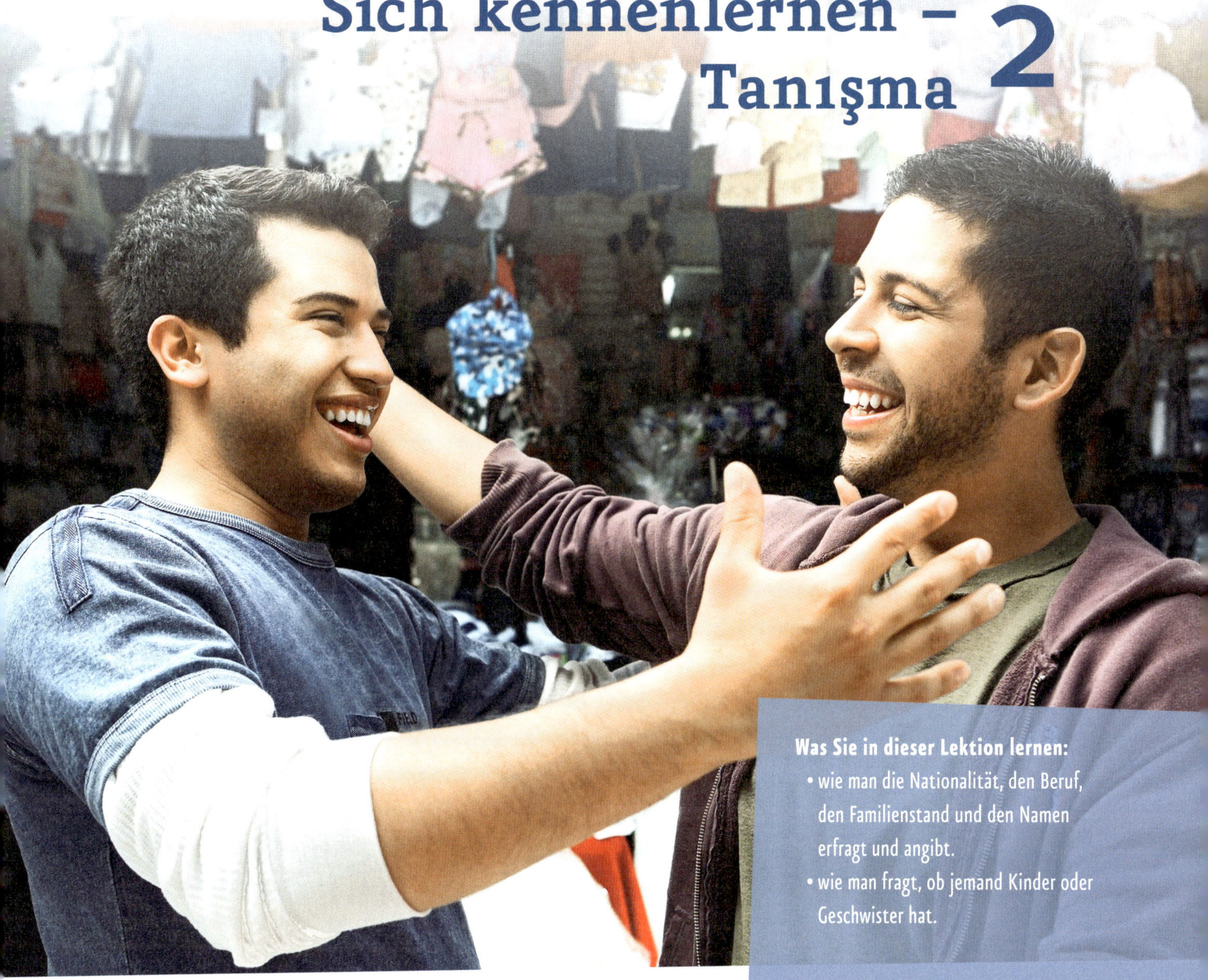

Was Sie in dieser Lektion lernen:

- wie man die Nationalität, den Beruf, den Familienstand und den Namen erfragt und angibt.
- wie man fragt, ob jemand Kinder oder Geschwister hat.

Die liebe Verwandtschaft

Kennen Sie vielleicht schon die eine oder andere Bezeichnung für die Mitglieder einer türkischen Familie? Versuchen Sie doch mal, die folgenden Personen ihrer deutschen Entsprechung zuzuordnen.

1. baba	a. (jüngere) Schwester
2. anne	b. Oma
3. dede	c. (älterer) Bruder
4. nine	d. Vater
5. erkek kardeş	e. Opa
6. ağabey	f. (jüngerer) Bruder
7. kız kardeş	g. (ältere) Schwester
8. abla	h. Mutter

Wichtige Ländernamen

Almanya (Deutschland), **Avusturya** (Österreich), **İngiltere** (England), **Fransa** (Frankreich), **Hollanda** (Niederlande), **İspanya** (Spanien), **İsviçre** (Schweiz), **İtalya** (Italien), **Türkiye** (Türkei), **Yunanistan** (Griechenland)

Nationalitäten

Alman (Deutsche/r), **Avusturyalı** (Österreicher/in), **Fransız** (Franzose/Französin), **Hollandalı** (Niederländer/in), **İngiliz** (Engländer/in), **İspanyol** (Spanier/in), **İsviçreli** (Schweizer/in), **İtalyan** (Italiener/in), **Türk** (Türke/in), **Yunan** (Grieche/in)

2 a Nerelisiniz?

Woher kommen Sie?

Nerelisiniz?/Nerelisin?
Woher kommen Sie/kommst du?

Berlinliyim.
Ich bin aus Berlin.

Avusturyalıyım.
Ich bin aus Österreich.

İsviçreliyim.
Ich bin aus der Schweiz.

Welche Nationalität?

Alman mısınız/mısın?
Sind Sie/Bist du Deutsche/r?

Evet, Almanım.
Ja, ich bin Deutsche/r.

Hayır, (ben) İsviçreliyim.
Nein, ich bin Schweizer/in.

Hayır, (ben) Avusturyalıyım.
Nein, ich bin Österreicher/in.

Welche Stadt?

Berlinli misiniz/misin?
Sind Sie/Bist du aus Berlin?

Hayır, Münihliyim.
Nein, ich bin aus München.

Welchen Beruf?

Mesleğiniz/Mesleğin ne?
Was sind Sie/bist du von Beruf?

Ne iş yapıyorsunuz?
Was machen Sie beruflich?

Ne iş yapıyorsun?
Was machst du beruflich?

Tätigkeiten

Öğretmenim.
Ich bin Lehrer/in.

Öğrenciyim.
Ich bin Student/in.

Danışmanım.
Ich bin Berater/in.

Aussprache

v wie w in „wo“: evet (ja)
ğ wird nicht gesprochen, es dehnt den vorhergehenden Vokal: öğretmen (Lehrer/in)

CD 7 **Hören Sie sich den folgenden Dialog an.**

♦ Affedersiniz, bu yer boş mu?
● Evet, boş.
♦ Teşekkürler.
● Bir şey değil. Nerelisiniz?
♦ Münihliyim. Almanım. Ya siz?
● Ben İzmirliyim.
♦ Yolculuk nereye?
● Ankara'ya.
♦ Mesleğiniz ne?
● Ben danışmanım. Siz ne iş yapıyorsunuz?
♦ Ben öğretmenim.
● İyi yolculuklar.
♦ Teşekkürler!

»

Worauf es ankommt

Höflichkeitsfloskeln *Affedersiniz* (*verzeihen Sie/Entschuldigung*), *teşekkürler, teşekkür* bzw. *mersi* (*danke*) oder *teşekkür ederim* (*ich danke*). Man reagiert darauf mit *bir şey değil* (*bitte sehr/nichts zu danken*).

Ja und nein heißen *evet* (*ja*) und *hayır* (*nein*).

Herkunft Das Suffix *-li* gibt bei Orts- und Ländernamen die Herkunft an: *Berlinli* (*Berliner/in*), *Münihli* (*Münchener/in*), *Viyanalı* (*Wiener/in*).

Ein bisschen Grammatik

Fragepartikel mi: Durch Nachstellen der Fragepartikel *mi* wandelt man einen Aussagesatz in eine Entscheidungsfrage um: *O Münihli.* (*Er ist aus München.*) → *O Münihli mi?* (*Ist er aus München?*) Die Fragepartikel *mi* unterliegt wie die Suffixe der Vokalharmonie: *Bu yer boş mu?* (*Ist dieser Platz frei?*). Die Antwort lautet *evet* (*ja*) oder *hayır* (*nein*).

Der Dativ wird durch das Suffix *-(y)e* markiert und bezeichnet auch die Richtungsangabe (nach, zu): *İzmir'e* (*nach Izmir*), *İstanbul'a* (*nach Istanbul*), aber *Ankara'ya* (*nach Ankara*). Die dazugehörige Frage lautet *nereye?* (*wohin?*).

1. Verständnis und Aussprache

1. Affedersiniz, bu yer boş mu?
2. Siz nerelisiniz?
3. Ben öğretmenim. Ya sen?
4. Yolculuk nereye?
5. Ben danışmanım.
6. Öğrenciyim.

CD 8 Sicher verstehen Sie die nebenstehenden Wörter und Sätze. Na dann bitte mal nachsprechen
Ya sen? = Und du?

2. Bitte ordnen Sie

_ Yolculuk nereye?
_ Salzburgluyum.
_ İyi yolculuklar.
_ Ankara'ya.
1 Nerelisiniz?
_ Teşekkürler!

CD 9 In diesem Dialog sind die Sätze durcheinandergeraten. Können Sie sie ordnen? Zur Kontrolle hören Sie sich den Dialog an und spielen ihn mit Ihrem Nachbarn nach.

3. Herkunft

*Nerelisiniz? – **İzmirli**.*

1. İzmir
2. Ankara
3. İstanbul
4. Diyarbakır
5. Gaziantep
6. Münih
7. Berlin
8. Frankfurt
9. Viyana
10. Zürih

Setzen Sie in den Antwortsatz eine Stadt aus der Liste ein und ergänzen Sie das Suffix *-li*.
Viyana = Wien
Zürih = Zürich

4. Was passt zueinander?

1. DJ Ötzi
2. Orhan Pamuk
3. Monica Bellucci
4. David Beckham
5. Heidi Klum
6. Roger Federer

a. İngiliz
b. Alman
c. Avusturyalı
d. İtalyan
e. İsviçreli
f. Türk

Welche Nationalität haben folgende Personen? Können Sie immer einer Person eine Nationalität zuordnen?

5. Etwas Fantasie

♦ Merhaba, siz Paul musunuz?
● Hayır, ben Josefim.
♦ Alman mısınız?
● Hayır, İsviçreliyim. Zürihliyim.
♦ Yolculuk nereye?
● Ankara'ya.
♦ Doktor musunuz?
● Evet, diş doktoruyum.

Erfinden Sie eine Identität: einen Namen, woher Sie sind, was Sie beruflich machen etc. Ihr Tischnachbar soll sie durch Fragen herausfinden. Hier ein mögliches Gesprächsmuster.
diş doktoru = Zahnarzt/-ärztin

2b Adınız ne?

CD 10 **Hören Sie sich den folgenden Dialog an.**

- ♦ Benim adım Arif. Sizin adınız ne?
- ● Memnun oldum, Arif Bey. Benim adım Josef.
- ♦ Ben de memnun oldum, Josef Bey. Alman mısınız?
- ● Hayır, İsviçreliyim. Siz nerelisiniz?
- ♦ Ben Ankaralıyım … Josef Bey, sizin mesleğiniz ne?
- ● Gazeteciyim. Siz ne iş yapıyorsunuz?
- ♦ Ben öğrenciyim. Tıp okuyorum … Evli misiniz?
- ● Evet, evliyim.
- ♦ Çocuğunuz var mı?
- ● Evet, bir oğlum ve bir kızım var. Siz evli misiniz?
- ♦ Hayır, ben bekârım.

»

Worauf es ankommt

Meins und deins Es gibt im Türkischen nicht nur besitzanzeigende Suffixe wie -(i)m, -(i)n, -(s)i etc., sondern auch besitzanzeigende Fürwörter wie benim *(mein)*, senin *(dein)*, onun *(sein, ihr)* etc.: benim adım *(mein Name)*, senin adın *(dein Name)*, onun adı *(sein/ihr Name)*. Diese werden aber nur dann verwendet, wenn sie betont werden sollen.

Ein bisschen Grammatik

Verben bestehen aus einem Stamm, z. B. *gel-* *(komm-)* oder *yap-* *(mach-)*, an den in der Grundform (Infinitiv) das Suffix -mek gehängt wird: *gelmek* *(kommen)*, *yapmak* *(machen)*.

Das Präsens wird für Vorgänge und Handlungen in der Gegenwart verwendet. Bildung: Verbstamm + Präsenssuffix -iyor + Personalsuffix:
gelmek *(kommen)* → *geliyorum* *(ich komme)*
yapmak *(machen)* → *yapıyorsun* *(du machst)*
Die Silbe yor bleibt unverändert.

Haben Sie …? „Haben" und „nicht haben" werden mit var (es gibt) bzw. yok (es gibt nicht) ausgedrückt. Vor var oder yok steht ein Bezugswort mit einem besitzanzeigenden Suffix: *Kardeşim var.* *(Ich habe eine/n Schwester/Bruder. Wörtlich: Meine/n Schwester/Bruder gibt es.)*, *Kardeşim yok.* *(Ich habe keine/n Schwester/Bruder.)*

Wie ist der werte Name?

Adınız/Adın ne?
Wie ist Ihr/dein Name?

Adım Arif.
Mein Name ist Arif.

Adım …
Mein Name ist …/Ich heiße …

Familienstand

Evli misiniz/misin?
Sind Sie/Bist du verheiratet?

Evliyim.
Ich bin verheiratet.

…-(y)im.
Ich bin …

bekâr
ledig

dul
verwitwet/geschieden

Wer hat, der hat …

Çocuğunuz/Çocuğun var mı?
Haben Sie/Hast du Kinder?

Evet, bir oğlum ve bir kızım var.
Ja, ich habe einen Sohn und eine Tochter.

Studiengänge

… okuyorum.
Ich studiere …

Türkoloji
Turkologie

hukuk
Jura

tıp
Medizin

Aussprache & Lautwandel

c wie dsch in „Dschungel": cam (Glas)
j wie stimmhaftes g in „Garage": Türkoloji (Turkologie)
Wenn ein Suffix, das mit einem Vokal beginnt, an den stimmlosen Konsonanten k angehängt wird, wird k zu ğ:
çocuk (Kind) → çocuğun (dein Kind).

1. Verständnis und Aussprache

CD 11 Das Verständnis und die Aussprache sind das A und O beim Sprachenlernen. Bitte sprechen Sie die folgenden Sätze nach!

1. Siz Sibel misiniz?
2. Adınız ne?
3. Adım Mehmet.
4. Siz Ayşe misiniz?
5. Bernliyim, İsviçreliyim.
6. Kardeşiniz var mı?

2. Fügen Sie das besitzanzeigende Suffix an.

Lesen Sie die Sätze und ergänzen Sie die fehlenden Verben. Das Vokabular finden Sie auf Seite 15.

1. benim anne...
2. senin kardeş...
3. onun dede...
4. benim ağabey...
5. senin baba...
6. onun abla...

3. Hören und verstehen

CD 12 Hören Sie sich aufmerksam den Dialog an und entscheiden Sie sich anschließend für die richtige Antwort auf die Fragen.
avukat = Anwalt/Anwältin.

1. Gökhan Alman mı?
   a. Evet.
   b. Hayır.
2. Fatma nereli?
   a. Ankaralı.
   b. İzmirli.
3. Gökhan ne iş yapıyor?
   a. Avukat.
   b. Diş doktoru.
4. Fatma ne iş yapıyor?
   a. Öğrenci.
   b. Öğretmen.

4. Können Sie's zuordnen?

Bitte ordnen Sie den deutschen Sätzen ihre türkischen Entsprechungen zu.

1. Auf Wiedersehen!	a. Çocuğunuz var mı?
2. Wohin geht die Reise?	b. Öğretmen misiniz?
3. Sind Sie Lehrer?	c. Görüşmek üzere!
4. Was sind Sie von Beruf?	d. Mesleğiniz ne?
5. Haben Sie Kinder?	e. Yolculuk nereye?

5. Berufe raten

Suchen Sie sich aus der Liste auf Seite 20 einen Beruf aus. Ihr Nachbar soll ihn nach dem folgenden Gesprächsmuster erraten.

- ● Merhaba, Adem. Sen emlakçı mısın?
- ♦ Hayır.
- ● Gazeteci misin?
- ♦ Hayır, satış elemanıyım. Ya sen, sen ...?

2 Das Wichtigste auf einen Blick

Berufe CD 13

avukat
Anwalt/Anwältin

mimar
Architekt/in

doktor
Arzt/Ärztin

sekreter
Sekretär/in

memur
Angestellte/r

öğretmen
Lehrer/in

ev kadını
Hausfrau

emekli
Rentner/in

satış elemanı
Verkäufer/Vertreter

işçi
Arbeiter/in

tüccar
Händler/in

mühendis
Ingenieur/in

gazeteci
Journalist/in

berber
Friseur/in

emlakçı
Immobilienmakler/in

Nationalität und Herkunft

Türk müsünüz/müsün?	Sind Sie/Bist du Türke/in?
Alman mısınız/mısın?	Sind Sie/Bist du Deutsche/r?
(Hayır,) İsviçreliyim.	(Nein,) ich bin Schweizer/in.
Nerelisiniz/Nerelisin?	Woher sind Sie/bist du?
Berlinliyim.	Ich bin aus Berlin.

Beruf

Mesleğiniz/Mesleğin ne?	Was sind Sie/bist du von Beruf?
Ne iş yapıyorsunuz?	Was machen Sie beruflich?
Ne iş yapıyorsun?	Was machst du beruflich?
Öğretmenim.	Ich bin Lehrer/in.
Sekreterim.	Ich bin Sekretär/in.
Memurum.	Ich bin Angestellte/r.
İşçiyim.	Ich bin Arbeiter/in.
Emekliyim.	Ich bin Rentner/in.

Familienstand

Evli misiniz/misin?	Sind Sie/Bist du verheiratet?
Evet, evliyim.	Ja, ich bin verheiratet.
Hayır, bekârım.	Nein, ich bin ledig.
Hayır, ayrıyım.	Nein, ich lebe getrennt.
Hayır, dulum.	Nein, ich bin verwitwet/ geschieden.

Kinder

Çocuğunuz/Çocuğun var mı?	Haben Sie/Hast du Kinder?
Bir oğlum var.	Ich habe einen Sohn.
Bir kızım var.	Ich habe eine Tochter.

Name

Adınız/Adın ne?	Wie ist Ihr/dein Name? / Wie heißen Sie/heißt du?
Adım ...	Mein Name ist ... / Ich heiße ...

Alter

Kaç yaşındasınız/yaşındasın?	Wie alt sind Sie/bist du?
Yirmi yaşındayım.	Ich bin 20 Jahre alt.
... yaşındayım.	Ich bin ... Jahre alt.

Biliyor musunuz?

In der Türkei spielen traditionelle Großfamilien immer noch eine wichtige Rolle. Wie in Mitteleuropa geht jedoch heute der Trend eher zu Kleinfamilien, zumindest in den Städten. Die Kinder wohnen in der Regel mit den Eltern unter einem Dach, bis sie selbst eine eigene Familie gründen. Allerdings kommt es in den Dörfern und Kleinstädten oft vor, dass die Großeltern ebenfalls mit dem Rest der Familie oder zumindest in unmittelbarer Nachbarschaft leben. Das hat den Vorteil, dass z. B. das Thema Kinderbetreuung nur selten ein Problem darstellt – Opa *(dede)* und Oma *(nine)* haben traditionell die Rolle der Babysitter für die berufstätigen Eltern. Heutzutage studieren und arbeiten immer mehr junge Leute in Städten, die weit weg vom Elternhaus liegen. Gelegenheiten, an denen man mal wieder alle vom Großvater und von der Großmutter bis zum Onkel *(amca)* und zur Tante *(teyze)* gemeinsam sieht, beschränken sich nicht selten auf Hochzeiten *(düğün)* und Feiertage wie *Şeker Bayramı* (Zuckerfest) oder *Kurban Bayramı* (Opferfest). Man sagt nicht umsonst: *Bayramdan bayrama görüşüyoruz.* (Wir sehen uns von Fest zu Fest.)

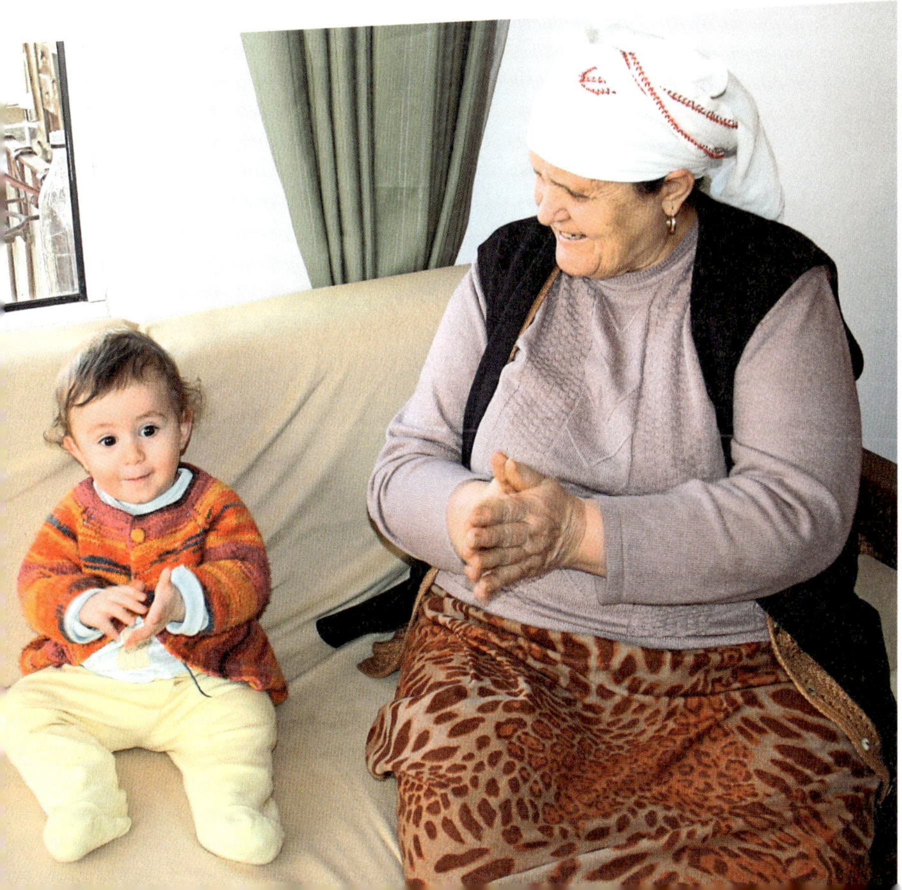

Familiennamen

Mit der Übernahme eines Zivilgesetzbuches nach Schweizer Vorbild wurden die Menschen in der Türkei ab 1936 offiziell dazu verpflichtet, einen Familiennamen zu tragen, was vorher nicht üblich war. Die neu kreierten Namen spiegeln häufig einen ausgeübten Berufszweig wider und sind im Unterschied zu den Vornamen meist „rein" türkisch und nicht aus dem Arabischen oder Persischen entlehnt. Doch bis heute spielt der Familienname fast ausschließlich in offiziellen Belangen eine Rolle, im Alltag verwendet man den Vornamen.

2 Ankara – Die Hauptstadt der Türkei

Görülmeye değer – Sehenswertes

Mit 4,4 Millionen Einwohnern ist *Ankara* nicht nur die Hauptstadt der Türkei, sondern auch eines der größten Wirtschaftszentren des Landes. Doch es ist immer noch ein Leichtes, etwas von der entspannten, ursprünglichen Atmosphäre zu finden, die *Ankara* einstmals kennzeichnete. Erkunden Sie doch mal den Stadtteil *Kaleiçi*, der mit seiner Zitadelle inmitten des historischen Stadtkerns auf einem Hügelrücken liegt. Hier oben können Sie im Museum für Anatolische Zivilisationen Zeugnisse aus der Jahrtausende alten Geschichte besichtigen oder einfach den atemberaubenden Blick über die Stadt genießen. Unterhalb des Hügels laden die verwinkelten, engen Gassen zu einem Spaziergang durch die osmanisch anmutende, *Ulus* genannte Altstadt ein. Wem mehr nach Action zumute ist, der sollte sich auf eine Einkaufstour durch die *Çıkrıkçılar Yokuşu* genannte Marktgegend, ebenfalls im Stadtteil *Ulus*, machen.

Yöresel tatlar – Regionale Spezialitäten

Die Küche *Ankaras* wurde praktisch von allen Regionen des Landes beeinflusst, weshalb sich die Stadt besonders gut für eine gastronomische Minireise quer durch sämtliche türkische Spezialitäten eignet. Probieren doch mal ein *Ankara tavası* (im Ofen gebackenes Fleisch mit Trauben, Nüssen und Kichererbsen). In der umliegenden Provinz gedeihen seit der hethitischen Epoche vor 2000 Jahren hervorragende Rebsorten und man findet dort immer noch einige der besten Weine des Landes wie die vollen Rotweine *Kalecikkarası* oder *Papazkarası*.

Haydi gezmeye – Auf Entdeckung

Ankara ist besonders wegen seiner Thermalquellen bei Einheimischen und Besuchern gleichermaßen beliebt. Um sich von der Millionenmetropole zu erholen, empfiehlt sich ein Besuch der Thermalbäder, z. B. in den nahe gelegenen Orten *Kızılcahamam*, *Ayaş İçmesi* oder *Haymana*. Ein echter Geheimtipp für Stressgeplagte.

Unterwegs – Yolda 3

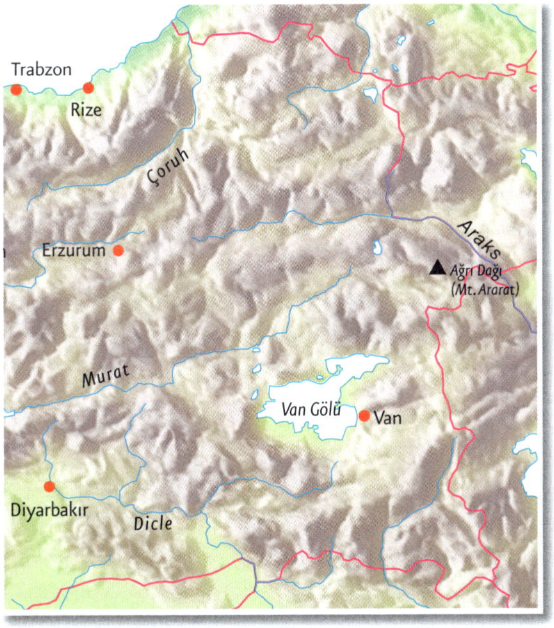

Unterwegs vor Ort?

Ob mit dem Bus, dem Zug oder mit dem eigenen Auto, wer die Türkei bereist, sollte zumindest eine Vorstellung von der Geografie des Landes haben. Kennen Sie die folgenden Städte und finden Sie sie auf der Karte?

1. Ankara
2. İstanbul
3. İzmir
4. Edirne
5. Antalya
6. Trabzon
7. Diyarbakır
8. Konya

Was Sie in dieser Lektion lernen:

- wie man nach der Uhrzeit fragt.
- wie man die Uhrzeit angibt.
- wie man nach dem Weg fragt.
- wie man fragt, welches Verkehrsmittel man nehmen muss.

Reisen mit dem Bus
ist in der Türkei ziemlich praktisch und preiswert. Das Straßennetz ist gut ausgebaut und Reisebusse verkehren schnell und häufig.

Reisen mit dem Zug
ist ebenfalls günstig, aber langsam. **Demiryolları** – das türkische Schienennetz – wird vom staatlichen Unternehmen **TCDD** betrieben. Für mehr Info: **www.tcdd.gov.tr**

3a Şimdi saat kaç?

Uhrzeit

Saat kaç?
Wie viel Uhr/Wie spät ist es?

Saat iki/üç/dört/...
Es ist zwei/drei/vier/... (Uhr).

Saat kaçta?
Um wie viel Uhr?

Ne zaman?
Wann?

Otobüs saat kaçta kalkıyor?
Um wie viel Uhr fährt der Bus ab?

(Saat) birde.
Um eins/ein Uhr.

(Saat) ikide/üçte/dörtte/...
Um zwei/drei/vier/... (Uhr).

Altı on beşte.
Um 6 Uhr 15.

Preis

... ne kadar?
Was kostet ...?

Bilet ne kadar?
Was kostet die Fahrkarte?

Orientierung

Bu hangi durak?
Welche Haltestelle ist das?

Neredeyiz?
Wo sind wir?

İzmir'de.
In Izmir.

Münih'te.
In München.

Lautwandel

Wenn die Endung -de an ein Wort angehängt wird, das auf einen stimmlosen Konsonanten endet, wird d zu t: Saat dörtte, saat beşte, üçte. Dies erleichtert die Aussprache.

CD 14 Hören Sie sich den folgenden Dialog an.

♦ İyi günler. Buyurun. Yolculuk nereye?
● Ankara'ya.
♦ Ne zaman?
● Bugün ... Otobüs saat kaçta kalkıyor?
♦ Saat on birde.
● Şimdi saat kaç?
♦ Şimdi saat on.
● Bilet ne kadar?
♦ 30 (otuz) lira.
● Tamam. İki bilet lütfen. Teşekkür ederim.
♦ Bir şey değil. İyi yolculuklar.

»

Worauf es ankommt

Bitte Wenn man um etwas bittet, sagt man *lütfen*. Bietet man selbst etwas an, sagt man hingegen *buyurun* (*bitte sehr*).

Zahlen 0–19 *sıfır* (0), *bir* (1), *iki* (2), *üç* (3), *dört* (4), *beş* (5), *altı* (6), *yedi* (7), *sekiz* (8), *dokuz* (9), *on* (10), *on bir* (11), *on iki* (12), *on üç* (13) ... *on dokuz* (19)

Uhrzeit Nach der Uhrzeit fragt man so: *Saat kaç?* (*Wie viel Uhr ist es?*) Die Antwort lautet: *Saat iki/üç/dört/...* (*Es ist zwei/drei/vier/... [Uhr]*). Die offizielle Uhrzeit erfolgt durch die Angabe der Minuten nach den Stunden: *Saat on üç on beş.* (*Es ist 13 Uhr 15.*) Sie wird auch in der Umgangssprache häufig benutzt. Weitere Fragen: *Saat kaçta ...?* (*Um wie viel Uhr ...?*) oder *Ne zaman ...?* (*Wann ...?*) Antwort: *(Saat) birde/ikide/üçte/...* (*Um ein/zwei/drei/... [Uhr].*) Weitere Uhrzeitangaben lernen Sie in der „Grammatik im Überblick“.

Ein bisschen Grammatik

Der Lokativ: Das Lokativsuffix *-de* (*in/um*) kann örtlich oder zeitlich verwendet werden. Örtlich: *İzmir'de* (*in Izmir*), *Ankara'da* (*in Ankara*), *Münih'te* (*in München*), die dazugehörige Frage lautet *Nerede?* (*Wo?*). Antwort: *...-de* (*in ...*). Zeitlich: *Saat kaçta?* (*Um wie viel Uhr?*), *Saat on birde.* (*Um 11 Uhr.*), *Saat on üç on beşte.* (*Um 13 Uhr 15.*), *Saat dörtte.* (*Um vier Uhr.*)

Wichtig: Hauptwörter nach Zahlen erhalten kein Mehrzahlsuffix *-ler*: *beş bilet* (*fünf Fahrkarten*), aber: *biletler* (*Fahrkarten*).

1. Verständnis und Aussprache

CD 15 Sprechen Sie diese Sätze bitte nach! Wenn Sie sich den A-Dialog gut durchgelesen haben, sollte das Verständnis keine Probleme machen.

1. Saat kaç?
2. Yolculuk nereye?
3. İki bilet lütfen.
4. Neredeyiz?
5. Otobüs saat kaçta kalkıyor?
6. Bilet ne kadar?

2. Fügen Sie das Suffix *-de* an.

Beantworten Sie die Frage nach der Uhrzeit wie im Beispiel.

Otobüs saat kaçta kalkıyor? – Saat ***on birde****.*

1. on bir...
2. yedi...
3. altı...
4. üç...
5. dört...
6. dokuz...

3. Ein bisschen Mathe!

Rechnen auf Türkisch? Halb so wild, man muss sich dazu nur die Wörter *artı* (+), *eksi* (–) und *eşittir* (=) merken. Dann mal los in Zweiergruppen jeweils abwechselnd.

Dokuz eksi üç *eşittir* ***altı****.*

1. 9 – 3
2. 7 + 2
3. 12 – 9
4. 8 + 3
5. 5 – 4
6. 1 + 16
7. 10 – 5
8. 2 + 8
9. 4 + 1
10. 3 – 2
11. 11 + 1
12. 7 – 6

4. Wer hat an der Uhr gedreht?

Setzen Sie die vorgegebenen Uhrzeiten in den Beispielsatz ein. Bitte als Frage- und Antwort-Spiel mit dem Nachbarn!

Saat kaç? – Şimdi ***saat üç****.*

1. 3
2. 7.15
3. 4.10
4. 5
5. 12
6. 2.05
7. 13
8. 11.15
9. 6
10. 8.05

5. Bitte nachspielen

Spielen Sie das Gespräch zwischen dem Fahrgast und dem Fahrkartenverkäufer in Zweiergruppen nach. Orientieren Sie sich anhand der Karte auf Seite 23 und erfinden Sie Uhrzeiten.

● Yolculuk nereye?
♦ ... Otobüs saat kaçta ...?
● Saat yedi ...
♦ Bilet ne kadar?
● ... lira.

3b Uzak mı?

Nach dem Weg fragen

... nerede?
Wo ist der/die/das ...?

otobüs durağı
Bushaltestelle

taksi durağı
Taxistand

metro istasyonu
U-Bahn-Station

turizm bürosu
Touristeninformation

Wo genau?

Burada./Orada.
(Es ist) hier/dort.

Karşıda.
Es ist gegenüber.

Yakında.
Es ist in der Nähe.

İşte orada.
Es ist dort (drüben).

Epey uzak.
Es ist recht weit.

Wie kommt man hin?

yayan
zu Fuß

Taksiye binin!
Nehmen Sie ein Taxi!

metro
U-Bahn

dolmuş
Sammeltaxi

otobüs
Bus

minibüs
Kleinbus

Auf und zu

Açık.
Es ist geöffnet.

Kapalı.
Es ist geschlossen.

Aussprache

o kurzes offenes o wie in „Sommer“:
yol (Straße, Weg)

CD 16 **Hören Sie sich den folgenden Dialog an.**

♦ Affedersiniz, turizm bürosu nerede?
● Kent merkezinde.
♦ Bugün açık mı?
● Evet, açık.
♦ Uzak mı?
● Epey uzak. Yayan otuz, otuz beş dakika.
♦ Otobüs var mı?
● Evet, on iki numaraya binin. Merkezde inin.
♦ Otobüs durağı nerede?
● İşte orada ... En iyisi bir taksiye binin.
♦ Taksi durağı nerede?
● Karşıda.
♦ Çok teşekkür ederim.
● Bir şey değil.

»

Worauf es ankommt

Nah und fern Auf die Frage Uzak mı? (*Ist es weit?*) kann man Evet, uzak. (*Ja, es ist weit.*), Biraz. (*Nur etwas/wenig.*) oder Hayır, yakın. (*Nein, es ist in der Nähe.*) antworten.

Zahlen 20–30 yirmi (20), yirmi bir (21), yirmi iki (22), yirmi üç (23) ... otuz (30).

Ein bisschen Grammatik

Aufforderung: Der Stamm eines Verbs ist zugleich die Aufforderungsform, wenn man jemanden mit „du“ anspricht: Bin! (*Steig ein!*), İn! (*Steig aus!*), Yap! (*Mach!*) Siezt man jemanden, erhält der Stamm das Suffix -(y)in oder -(y)iniz: Binin!/Bininiz! (*Steigen Sie ein!*), İnin!/İniniz! (*Steigen Sie aus!*), Yapın!/Yapınız! (*Machen Sie!*)

Wortbildung: Feststehende Wortkombinationen bestehen häufig aus zwei Hauptwörtern, wobei an das zweite das besitzanzeigende Suffix -(s)i angefügt wird: kent (*Stadt*) + merkez (*Zentrum*) → kent merkezi (*Stadtzentrum*). Folgt darauf ein weiteres Suffix, wird dazwischen ein -n- eingeschoben: kent merkezinde (*im Stadtzentrum*).

1. Verständnis und Aussprache

CD 17 Verstehen Sie diese Sätze? Wenn ja, dann bitte einfach nachsprechen!

1. Uzak mı?
2. Bugün kapalı.
3. Şimdi açık mı?
4. Karşıda.
5. Taksiye binin.
6. Burada inin.

2. Ordnung ist die halbe Übung!

Dieser Dialog ist gründlich durcheinandergeraten. Können Sie ihn wieder richtig ordnen? Danach bitte zu zweit lesen.

_ Evet açık.
_ Hayır, yakın. Yayan beş dakika.
_ İşte orada.
_ Bugün açık mı?
1 Affedersiniz, turizm bürosu uzak mı?
_ Taksi durağı nerede?

3. Hören und verstehen

CD 18 Hören Sie sich aufmerksam den Dialog an und versuchen Sie, die Fragen richtig zu beantworten.

1. Saat kaç?
   a. Saat dört otuz.
   b. Saat beş otuz.
2. Turizm bürosu uzak mı?
   a. Evet, uzak.
   b. Hayır, yakın.
3. Turizm bürosu açık mı?
   a. Hayır, kapalı.
   b. Evet, açık.

4. Bitte vervollständigen

Setzen Sie zusammen mit Ihrem Nachbarn die angegebenen Wörter in den Mustersatz ein. Die Verkehrsmittel finden Sie auf Seite 28.

Tramvaya binin!

1. tramvay...
2. taksi...
3. dolmuş...
4. otobüs...
5. metro...

5. Bitte erklären

Führen Sie mit Ihren Kurskollegen Gespräche nach diesem Muster.
epey = ziemlich

● Affedersiniz, taksi durağı uzak mı?
♦ Evet, epey uzak. / Hayır, yakın. Yayan ... dakika.
● Teşekkürler.
♦ Bir şey değil.

a. taksi durağı
b. otobüs durağı
c. turizm bürosu
d. metro istasyonu

3 Das Wichtigste auf einen Blick

Reisevokabular CD 19

valiz – bagaj
Koffer – Gepäck

bilet
Ticket

yalnız gidiş
einfache Fahrt

gidiş dönüş
Hin- und Rückfahrt

Was man so sucht

otobüs durağı
Bushaltestelle

otogar
Busbahnhof

tren istasyonu – metro istasyonu
Bahnhof – Metrostation

taksi durağı
Taxistand

turizm bürosu
Touristeninformation

bagaj alım
Gepäckabholung

Verkehrsmittel

metro
U-Bahn

taksi
Taxi

otobüs – minibüs
Bus – Kleinbus

tramvay
Straßenbahn

dolmuş
Sammeltaxi

Mit dem Bus fahren

Otobüs saat kaçta kalkıyor?	Um wie viel Uhr fährt der Bus ab?
Otobüs ne zaman mola veriyor?	Wann gibt es eine Pause?
Bu otobüs merkezde duruyor mu?	Hält dieser Bus im Zentrum?
Bu otobüs nereye gidiyor?	Wohin fährt dieser Bus?
Bu otobüs İzmir'e gidiyor mu?	Fährt dieser Bus nach Izmir?
Yolculuk kaç saat sürüyor?	Wie viele Stunden dauert die Reise?
Üç saat.	Drei Stunden.
Bu hangi durak?	Welche Haltestelle ist das?
Neredeyiz?	Wo sind wir?

Uhrzeit

Saat kaç?	Wie viel Uhr ist es?
Saat bir.	Es ist eins/ein Uhr.
Saat on iki.	Es ist Mittag.
Saat iki/üç/dört/...	Es ist zwei/drei/vier/... (Uhr).
Saat kaçta?	Um wie viel Uhr?
Ne zaman?	Wann?
Saat birde.	Um eins/ein Uhr.
Saat ikide/üçte/dörtte/...	Um zwei/drei/vier/... (Uhr).
Altı on beşte.	Um 6 Uhr 15.
Beş buçuk.	Um halb sechs (Uhr).
Altı on beş/altıyı çeyrek geçiyor.	Um Viertel nach sechs (Uhr).
Yediye çeyrek var.	Um Viertel vor sieben (Uhr).

Preis

... ne kadar?	Was kostet ...?
Bilet ne kadar?	Was kostet die Fahrkarte?

Nach dem Weg fragen

Affedersiniz, ... nerede?	Entschuldigung, wo ist ...?
Affedersiniz, müze nerede?	Entschuldigung, wo ist das Museum?
Burada.	Es ist hier.
Karşıda.	Es ist gegenüber.
Yakında.	Es ist in der Nähe.
İşte orada.	Es ist dort (drüben).
Yayan uzak mı?	Ist es zu Fuß weit?
Epey uzak.	Es ist ziemlich weit.
Hayır, yakın.	Nein, es ist in der Nähe.

Auf und zu

Açık.	Es ist geöffnet.
Kapalı.	Es ist geschlossen.

Biliyor musunuz?

Tickets bzw. Jetons für öffentliche Verkehrsmittel kauft man in der Regel am Automaten an Haltestellen, Metrostationen oder Kiosken (*büfe*). In Bussen kann man die Fahrscheine meist direkt beim Fahrer kaufen. Der Preis ist von der gefahrenen Strecke abhängig, weshalb man bereits im Voraus genau wissen muss, bis zu welcher Station man fahren möchte. In vielen Städten hat man die Möglichkeit, Sammeltickets für mehrere Tage zu kaufen, die für die meisten öffentlichen Verkehrsmittel gelten, in Istanbul auch für die Fähre.

Und über Land?

Am besten buchen Sie Ihre Busreise einen Tag, bevor es losgehen soll, in einem Reisebüro oder direkt im *otogar* (Busbahnhof). Aufgrund der teilweise großen Entfernungen ist Fliegen eine sinnvolle Alternative zu Zug oder Bus und zudem ebenfalls meist billiger als in Mitteleuropa.

Dolmuş oder Taxi?

Günstige Verkehrsmittel in den Ortschaften sind Minibusse und große PKWs, *dolmuş* (Sammeltaxi) genannt. Diese befahren eine bestimmte Strecke, aber sie fahren erst dann los, wenn genügend Passagiere zugestiegen sind. Entlang der Route kann man jederzeit ein- und aussteigen. Taxis sind ebenfalls nicht teuer. Offizielle Taxis sind gelb und haben ein *taksimetre* (Taxameter), man sollte allerdings immer darauf achten, dass dieses auch eingeschaltet ist und vor Beginn der Fahrt auf den Grundbetrag gesetzt wurde.

3 İstanbul – Die Metropole am Bosporus

Görülmeye değer – Sehenswertes

İstanbul, mit über 15 Millionen Einwohnern die größte Stadt der Türkei, ist zugleich der wirtschaftliche und kulturelle Motor des Landes. Kein Wunder, dass da fast überall viel los ist, vor allem bei den Hauptsehenswürdigkeiten wie dem Topkapi-Serail (*Topkapı Sarayı*), der Hagia Sophia, der blauen Moschee, auf dem Sultan-Ahmet-Platz, im bedeckten Basar (*Kapalı Çarşı*), dem ägyptischen Basar oder in der Süleymaniye-Moschee. Ein besonderes Erlebnis ist ein Spaziergang über die *Galata*-Brücke zum *Galata*-Turm und von dort durch die *İstiklal*-Straße bis zum *Taksim*-Platz. Die *İstiklal*-Straße ist die Haupteinkaufsstraße der Stadt, auf der es auch zahlreiche Restaurants und Cafés gibt. Kurz: *İstanbul* wird sicher nicht langweilig oder wie es im Volksmund heißt: *İstanbul dünyanın anasıdır.* (Istanbul ist die Mutter der Welt.)

Yöresel tatlar – Regionale Spezialitäten

İstanbul ist eine Stadt, in der sich schon immer europäische und asiatische Kulturen begegnet sind und dies spiegelt sich auch in der Küche der Stadt wider. Hier finden sich eine Vielzahl delikater Kreationen der elegant-klassischen Palastküche der Osmanen mit so ausgefallenen Namen wie *Hünkar Beğendi* (des Sultans Entzücken), eine Art „umgedrehtes" Kebab, das zusammen mit Auberginen gegart wird. Zu anspruchsvoll? Überall in *İstanbul* können Sie ein kleines *lokanta* (Restaurant) mit preiswerten und guten Gerichten finden und wer es noch einfacher mag, der sollte am Fuße der *Galata*-Brücke ein *balık ekmek* (Fischbrötchen) probieren. *Afiyet olsun!* (Guten Appetit!)

Haydi gezmeye – Auf Entdeckung

Wie wär's mit einer Schiffsreise auf dem Bosporus, der zwei Kontinente trennt und das Marmarameer mit dem Schwarzen Meer verbindet? In *Anadolukavağı*, der letzten Anlegestelle auf der asiatischen Seite, kann man bei einem entspannten Mittagessen in einem Fischrestaurant den Trubel der Großstadt vergessen oder von der genuesischen Burg aus einen Blick auf das Schwarze Meer werfen.

Ein Zimmer suchen – Konaklama 4

Was Sie in dieser Lektion lernen:
- wie man eine Unterkunft sucht.
- wie man das Datum angibt.
- wie man ein Telefongespräch führt.
- wie man ein Hotelzimmer reserviert.

Die richtige Unterkunft gefunden?

In der Türkei haben Sie in der Regel eine große Auswahl an Übernachtungsmöglichkeiten. Können Sie sich unter den folgenden etwas vorstellen? Wenn nicht, finden Sie auf Seite 37 mehr Informationen dazu. Wo übernachten Sie am liebsten?

1. otel
2. apart otel
3. motel
4. pansiyon
5. kamp
6. bungalov

Go Turkey!
Das offizielle Tourismusportal der Türkei informiert unter **www.goturkey.com**

Vor Ort
Jede Region hat ihre eigenen Tourismusorganisationen, die Informationsbüros betreiben, Broschüren und Karten herausgeben, Führungen organisieren sowie Unterkünfte vermitteln.

4 a Bir otel arıyorum.

Hotelsuche

Ucuz bir otel arıyorum.
Ich suche ein preiswertes Hotel.

İyi bir pansiyon arıyorum.
Ich suche eine gute Pension.

ucuz
preiswert

pahalı
teuer

temiz
sauber

sessiz
ruhig

güzel
schön

Wie lange?

Kaç gün için?
Für wie viele Tage?

Bir/iki/... gün için.
Für einen Tag/zwei/... Tage.

Datum

...-den ...-(y)e kadar
vom ... bis (zum) ...

1 Eylül'den 5 Eylül'e kadar.
Vom 1. September bis (zum) 5. September.

3 Mart'tan 13 Mart'a kadar.
Vom 3. März bis (zum) 13. März.

Preis

Geceliği ne kadar?
Wie viel kostet es pro Nacht?

(Fiyatı) sadece 60 lira.
(Es kostet) nur 60 Lira.

Telefonnummer

Telefon numarası kaç?
Wie ist die Telefonnummer?

Groß oder klein?

Monats- und Wochentagsnamen werden großgeschrieben, wenn sie ein bestimmtes Datum bezeichnen, sonst klein: *eylül*, aber *18 Eylül*.

CD 20 **Hören Sie sich den folgenden Dialog an.**

- ♦ İyi günler. Buyurun.
- ● Ucuz, ama iyi bir otel arıyorum, veya bir pansiyon. Merkezde.
- ♦ Kaç gün için?
- ● Üç gün için. 18 Eylül'den 21 Eylül'e kadar.
- ♦ Bir dakika ... Otel Side, ucuz, temiz bir otel.
- ● Geceliği ne kadar?
- ♦ Yetmiş lira.
- ● Biraz pahalı.
- ♦ Otel Ali Paşa, sadece elli lira.
- ● Tamam. Otel Ali Paşa nerede?
- ♦ Çok yakın. Yayan üç dakika.
- ● Çok iyi! Telefon numarası kaç?
- ♦ Telefon numarası ... 0212 55 56 100.
- ● Harika. Teşekkür ederim.

»

Worauf es ankommt

Zahlen 31–100 *otuz bir* (31), *otuz iki* (32), *otuz üç* (33) etc. – siehe Seitenzahlen – *kırk* (40), *elli* (50), *altmış* (60), *yetmiş* (70), *seksen* (80), *doksan* (90), *yüz* (100)

Monate *ocak* (*Januar*), *şubat* (*Februar*), *mart* (*März*), *nisan* (*April*), *mayıs* (*Mai*), *haziran* (*Juni*), *temmuz* (*Juli*), *ağustos* (*August*), *eylül* (*September*), *ekim* (*Oktober*), *kasım* (*November*), *aralık* (*Dezember*)

Ein bisschen Grammatik

Das Zahlwort *bir* (*eins*): Das Türkische kennt keinen unbestimmten Artikel, sondern verwendet stattdessen das Zahlwort *bir*, das unverändert vor dem Bezugswort steht: *bir otel* (*ein Hotel*), *bir pansiyon* (*eine Pension*), *bir çocuk* (*ein Kind*).

Eigenschaftswörter stehen unverändert vor dem Zahlwort *bir*: *sessiz bir otel* (*ein ruhiges Hotel*), *iyi bir pansiyon* (*eine gute Pension*), *güzel bir çocuk* (*ein schönes Kind*).

1. Verständnis und Aussprache

1. Bir otel arıyorum.
2. Kaç gün için?
3. Beş gün için.
4. Yayan üç dakika.
5. Biraz pahalı.
6. Geceliği 95 lira.

CD 21 Sie kennen das Spielchen inzwischen: Wenn Sie alle Sätze verstehen, sprechen Sie sie bitte nach.

2. Von wann bis wann genau?

*Ne zaman? – 1 **Ekim'den 7 Ekim'e kadar.***

Hängen Sie die Suffixe **-den** und **-(y)e** wie im Beispiel an. Bitte jeweils abwechselnd mit dem Tischnachbarn üben.

1. 1 Ekim… 7 Ekim… kadar
2. 3 Kasım… 10 Kasım… kadar
3. 5 Aralık… 12 Aralık… kadar
4. 10 Ocak… 17 Ocak… kadar
5. 11 Haziran… 20 Haziran… kadar
6. 15 Ağustos… 22 Ağustos… kadar

3. Die lieben Zahlen

*Geceliği ne kadar? – **95 lira.***

Setzen Sie zu zweit die folgenden Zahlen in den Mustersatz ein.

1. 95	4. 80	7. 75	10. 90
2. 70	5. 30	8. 85	11. 45
3. 50	6. 40	9. 60	12. 65

4. Was gehört wohin?

kaç – için – pahalı – kadar – geceliği – beş dakika

Vervollständigen Sie die Sätze mit den angegebenen Wörtern. Halb so schlimm, oder?

1. Kaç gün ....?
2. 1 Temmuz'dan 14 Temmuz'a ....
3. .... ne kadar?
4. Yayan ....
5. Otelin telefon numarası ....?
6. Biraz ....

5. Telefonitis

- ● Benim telefon numaram … Ya senin telefon numaran kaç?
- ♦ Benim telefon numaram …
- ▲ …

Jeder Kursteilnehmer sagt seine Telefonnummer und die anderen schreiben sie auf und vergleichen danach.

Tek kişilik mi?

Am Telefon

Alo?
Hallo?

Alo, buyurun?
Hallo, bitte sehr?

Wann genau?

Boş odanız var mı?
Haben Sie ein freies Zimmer?

18 Nisan için.
Für den 18. April.

27 Mayıs'tan 30 Mayıs'a kadar.
Vom 27. Mai bis (zum) 30. Mai.

Was für ein Zimmer?

tek kişilik bir oda
ein Einzelzimmer

iki kişilik bir oda
ein Doppelzimmer

tek yataklı
mit Doppelbett

ayrı yataklı
mit Einzelbetten

Bestätigung

Onayı e-posta ile gönderin lütfen.
Schicken Sie mir bitte die Bestätigung per E-Mail.

e-posta ile/e-mail ile
per E-Mail

faks ile
per Fax

Telefon numaram ...
Meine Telefonnummer ist ...

Cep numaram ...
Meine Handynummer ist ...

E-posta adresiniz var mı?
Haben Sie eine E-Mail-Adresse?

E-posta adresim ...
Meine E-Mail-Adresse ist ...

CD 22 **Hören Sie sich den folgenden Dialog an.**

♦ Alo, günaydın, Otel Ali Paşa buyurun?
● Merhaba. Boş odanız var mı?
♦ Bir dakika lütfen ... Evet var. Tek kişilik mi?
● Hayır, iki kişilik.
♦ Tamam. Kaç gün için?
● Üç gün için. Bugünden 24 Eylül'e kadar.
♦ Adınız ne?
● May.
♦ Nasıl yazılıyor?
● Şöyle yazılıyor: Muş, Adana, Yozgat.
♦ Tamam. E-posta adresiniz var mı?
● Evet, may345@happymail.tr.
♦ Harika.
● Teşekkürler. Onayı e-posta ile gönderin lütfen.
♦ Tamam. Görüşmek üzere.

»

Worauf es ankommt

Richtig schreiben Man fragt: *Nasıl yazılıyor?* *(Wie schreibt man das?)* oder *Kodlar mısınız lütfen?* *(Könnten Sie das buchstabieren, bitte?)* Die Antwort lautet: *Şöyle yazılıyor ...* *(Es schreibt sich ...)*

Buchstabieren *(A) – Adana, (B) – Bolu, (C) – Ceyhan, (Ç) – Çanakkale, (D) – Denizli, (E) – Edirne, (F) – Fatsa, (G) – Giresun, (H) – Hatay, (İ) – İzmir, (I) – Isparta, (J) – Jandarma, (K) – Kars, (L) – Lüleburgaz, (M) – Muş, (N) – Niğde, (O) – Ordu, (Ö) – Ödemiş, (P) – Polatlı, (R) – Rize, (S) – Sinop, (Ş) – Şırnak, (T) – Tokat, (U) – Uşak, (Ü) – Ünye, (V) – Van, (Y) – Yozgat, (Z) – Zonguldak* und das @ nennt sich *et*.

Ein bisschen Grammatik

Das Wörtchen *ile* (mit) steht unverändert nach dem Bezugswort: *e-posta ile* *(per E-Mail)*, *faks ile* *(per Fax)*.
İle kann man auch als Suffix *-(y)le* verwenden: *e-postayla* *(per E-Mail)*, *faksla* *(per Fax)*. Das dazugehörige Fragewort lautet *neyle?* (womit?).

1. Verständnis und Aussprache

1. İki kişilik veya tek kişilik mi?
2. Boş odanız var mı?
3. Telefon numaranız kaç?
4. Adınız ne?
5. E-posta adresiniz var mı?
6. Onayı faks ile gönderin.

CD 23 Haben Sie beim Zuhören alles verstanden? Wenn ja, dann sprechen Sie bitte die Sätze nach!

2. Womit genau?

Neyle? – E-postayla.

1. e-posta...
2. faks...
3. metro...
4. dolmuş...
5. taksi...
6. otobüs...

Bitte fügen Sie das Suffix -(y)le an die entsprechenden Wörter. *neyle?* = womit?

3. Können Sie es zuordnen?

1. Boş bir odanız var mı?
2. Çift yataklı mı, tek yataklı mı?
3. Banyolu mu?
4. Adınız ne?
5. Kaç gün için?
6. Ne zaman?

a. Wie ist Ihr Name?
b. Haben Sie ein freies Zimmer?
c. Mit Doppelbett oder mit Einzelbetten?
d. Wann?
e. Mit Bad?
f. Für wie viele Tage?

Bitte ordnen Sie die türkischen Fragesätze ihren deutschen Entsprechungen zu.

4. Hören und verstehen

1. Oda kaç kişilik?
   a. İki kişilik.
   b. Tek kişilik.
2. Kaç gün için?
   a. İki gün.
   b. Üç gün.
3. Geceliği ne kadar?
   a. 90 lira.
   b. 80 lira.

CD 24 Hören Sie sich den Dialog auf der CD an und kreuzen Sie die richtige Antwort auf die Fragen an.

5. Bitte schreiben Sie

Sayın ...,

... Haziran'dan ... Temmuz'a kadar ... ayırtmak istiyorum.

Saygılarımla.

XXX

Schreiben Sie nach dem Muster auf Seite 37 eine E-Mail an ein Hotel und reservieren Sie ein Zimmer.

4 Das Wichtigste auf einen Blick

Wichtiges! CD 25

bir dakika
ein Moment

harika
toll

ama
aber

Apartment, Haus

... kiralamak istiyorum
Ich möchte ... mieten.

bir daire
ein Apartment

bir ev
ein Haus

bir bungalov
einen Bungalow

In der Nähe

Yakında ... var mı?
Gibt es in der Nähe ...?

bir park yeri
einen Parkplatz

bir süpermarket
einen Supermarkt

bir restoran
ein Restaurant

bir meyhane
eine Kneipe

bir plaj
einen Strand

bir banka
eine Bank

Hotelsuche

İyi bir otel arıyorum.	Ich suche ein gutes Hotel.
Boş odanız var mı?	Haben Sie ein freies Zimmer?
adres	Adresse
telefon numarası	Telefonnummer
Kaç kişilik?	(Für) wie viele Personen?
İki kişilik.	(Für) zwei Personen.

Wie lange?

Ne kadar kalmak istiyorsunuz?	Wie lange möchten Sie bleiben?
Kaç gün/gece için?	Für wie viele Tage/Nächte?
Bu gece için.	Für heute Nacht.
İki gece için.	Für zwei Nächte.

Datum

18 Mart için.	Für den 18. März.
3 Nisan'dan 5 Nisan'a kadar.	Vom 3. April bis (zum) 5. April.

Was für ein Zimmer?

tek kişilik bir oda	ein Einzelzimmer
iki kişilik bir oda	ein Doppelzimmer
tek yataklı	mit Doppelbett
ayrı yataklı	mit Einzelbetten
bir çocuk yatağı	ein Kinderbett
kahvaltılı	mit Frühstück
Bir gecelik ne kadar?	Wie viel kostet es pro Nacht?
(Fiyatı) 90 (doksan) lira.	(Es kostet) 90 Lira.

Am Telefon

Alo, buyurun?	Hallo, bitte sehr?
Yüksek sesle konuşun lütfen.	Bitte sprechen Sie lauter.
Yavaş konuşun lütfen.	Bitte sprechen Sie langsam.
Tekrar edin lütfen.	Bitte wiederholen Sie es/das.
Türkçem çok iyi değil.	Mein Türkisch ist nicht sehr gut.
Anlamıyorum.	Ich verstehe nicht.

Kontaktdaten

Adresim ...	Meine Adresse ist ...
Telefon numaram ...	Meine Telefonnummer ist ...
Cep numaram ...	Meine Handynummer ist ...
E-posta adresim ...	Meine E-Mail ist ...

Übernachtungsmöglichkeiten und Reservierungen 4

Biliyor musunuz?

Die Türkei bietet nicht nur vielfältige Landschaften, wunderschöne Strände und eine schmackhafte Küche, sondern auch eine reiche Auswahl an Unterkünften: *otel* (Hotel), *motel* (Motel), *pansiyon* (Pension), *apart otel* (Apartment-Hotel: Wohnungen mit Hoteldienstleistungen), *bungalov* (Bungalow). Auch das Angebot an Campingplätzen (*kamp*) hat sich in den letzen Jahren etwas verbessert. Wer in beliebten Urlaubsgebieten an der Ägäis und am Mittelmeer eine Unterkunft sucht, sollte besonders in der Hauptsaison im Voraus buchen. Sonst riskiert man, an der Rezeption mit einem *boş oda yok!* (keine Zimmer frei!) abgewiesen zu werden.

Aber wohin?

Wer nicht genau weiß, wohin er in der Türkei reisen soll, dem hilft vielleicht die Webseite www.goturkey.com (offizielles Türkei-Portal) oder www.tuerkei.tourismus.de. Hier können Sie Informationen über Ihr Reiseziel (Strände, Natur, Geschichte, Hotels etc.) finden.

Reservierungen

In den meisten Hotels und Pensionen kann man im Voraus per E-Mail reservieren. Hier eine Mustervorlage:

Sayın ...,

28 Temmuz'dan 2 Ağustos'a kadar, kahvaltılı, iki kişilik bir oda ayırtmak istiyorum.

Saygılarımla.

XXX

4 Antalya – Die Türkische Riviera

Görülmeye değer – Sehenswertes

Antalya, die Hauptstadt des türkischen Tourismus, gilt nicht nur in Reisekatalogen als „Perle des Mittelmeeres" oder „Türkische Riviera". Sie ist mit ihrer Geschichte, ihren wunderschönen Stränden und hochwertigen touristischen Anlagen inmitten von Zitronenbäumen, Palmen und Oleanderhecken längst ein etabliertes Ziel für erholungs- und sonnenhungrige Besucher aus aller Welt. Und wer Lust auf Action hat, der kann zu einer Bergtour in die nahe gelegenen, meist mit Schnee bedeckten Bergregionen wie den *Bey Dağları* im Westen oder den *Toros Dağları* im Norden aufbrechen.

Yöresel tatlar – Regionale Spezialitäten

In *Antalya* ist mediterrane Küche Trumpf. Restaurants bieten auf verschiedene Arten zubereitete Fisch- und Gemüsegerichte, Kebabs und vorzügliche Süßspeisen. Spezialitäten wie *kulaklı çorba* (eine aus Kichererbsen und klein gewürfeltem Fleisch zubereitete Suppe), *tahinli piyaz* (Salat aus weißen Bohnen und Sesampaste), *tandır kebabı* (im *Tandır*-Ofen gebackenes Fleisch) oder *kabak tatlısı* (Kürbis-Dessert) mit Sesamöl und *pekmez* (Traubensirup) können Sie auch in einfachen Speiselokalen genießen.

Haydi gezmeye – Auf Entdeckung

In der Region *Antalya* befinden sich berühmte antike Städte wie *Perge*, *Aspendos* oder *Side* mit ihren prachtvollen Amphitheatern, die nicht nur eingefleischte Geschichtsfans begeistern dürften. Auch die Stadt *Myra* – jetzt *Demre*, wo der Heilige Nikolaus etwa 500 v. Chr. lebte – ist einen Ausflug wert und als Highlight sei der Aufstieg in die antike Ruinenstadt *Termessos* empfohlen. Die Stadt bietet einen fantastischen Blick auf das Lykische Meer.

Im Hotel – Otelde 5

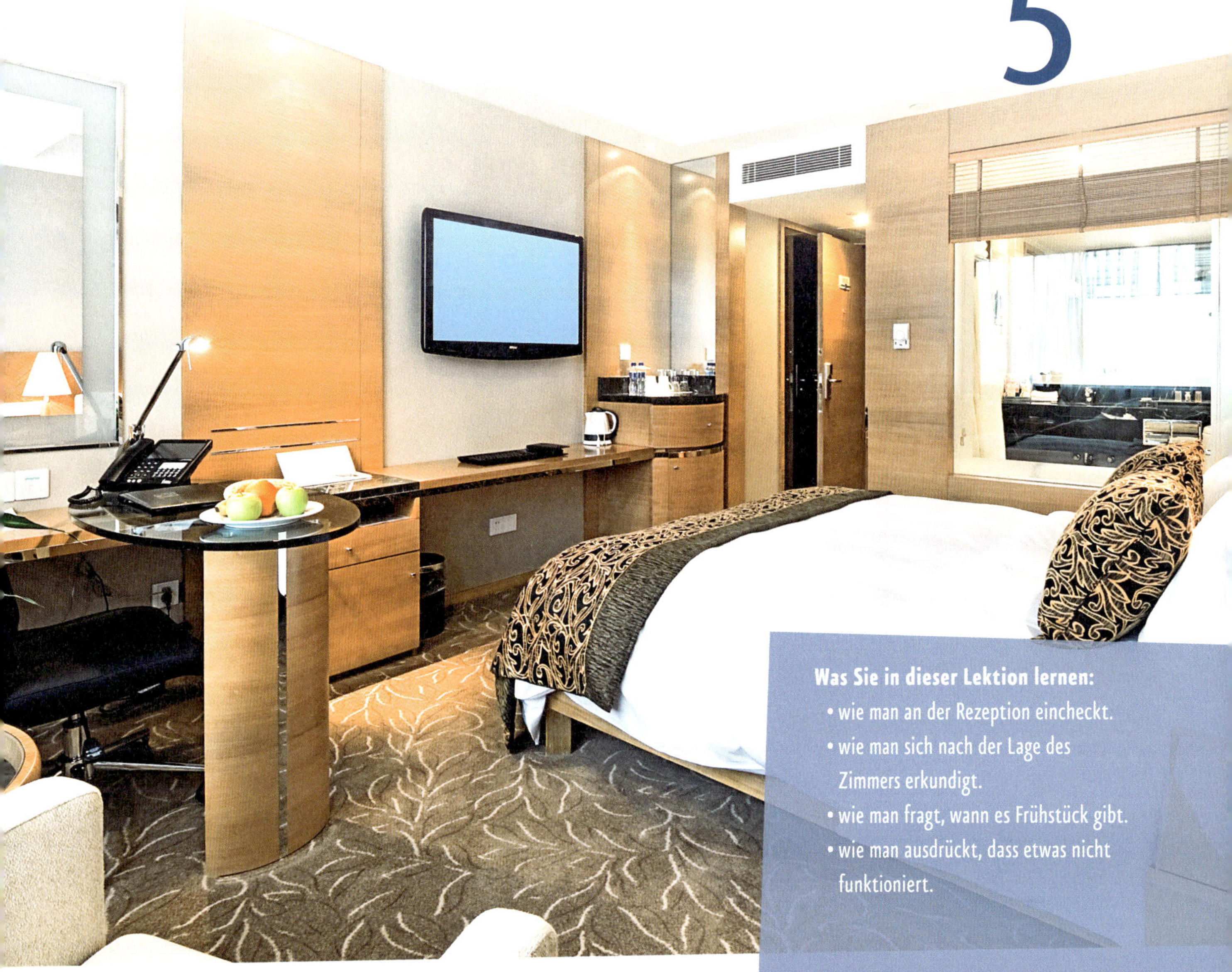

Was Sie in dieser Lektion lernen:
- wie man an der Rezeption eincheckt.
- wie man sich nach der Lage des Zimmers erkundigt.
- wie man fragt, wann es Frühstück gibt.
- wie man ausdrückt, dass etwas nicht funktioniert.

Luxus pur

Welche der folgenden Gegenstände, die man üblicherweise in einem Hotelzimmer findet, können Sie auf dem Foto erkennen? Was bedeuten wohl die anderen?

1. yatak
2. telefon
3. dolap
4. masa
5. televizyon
6. sandalye
7. halı
8. perde
9. yastık
10. lamba

Hotels & Pensionen

Für Informationen und Reservierungen bietet sich entweder das Internet an, z. B. **www.hrs.de** oder **www.hotel.de**, oder die jeweiligen Fremdenverkehrsämter, bei denen man Unterkunftsverzeichnisse ordern kann.

5 a Rezervasyon var.

Bestätigungen

Buyurun ...
Bitte schön ...

onay belgesi
die Buchungsbestätigung

kredi kartım
meine Kreditkarte

pasaportum
mein Reisepass

kimliğim
mein Personalausweis

... lazım mı?
Brauchen Sie ...?

Başka?
Was noch?

Für wie viel Tage?

... için.
Für ...

Bir gün için.
Für einen Tag.

İki/üç gün için.
Für zwei/drei Tage.

Bir gece için.
Für eine Nacht.

İki/üç/dört gece için.
Für zwei/drei/vier Nächte.

Pech gehabt

Üzgünüm ...
Es tut mir leid ...

Maalesef ...
Leider ...

Boş oda yok.
Es gibt kein freies Zimmer.

Frühstück

Kahvaltı dahil.
Das Frühstück ist im Preis inbegriffen.

Kahvaltı saat 7'den 10'a kadar.
Das Frühstück ist von 7 bis 10 Uhr.

CD 26 **Hören Sie sich den folgenden Dialog an.**

● İyi akşamlar.
♦ İyi akşamlar. Buyurun?
● May için rezervasyon var mı?
♦ Bir dakika ... Evet, rezervasyon var. Pazartesiden çarşambaya kadar.
● Pasaport lazım mı?
♦ Evet, lazım. Lütfen bu fişi doldurun.
● Tamam ... Başka?
♦ Bir imza ... Oda numaranız 303 (üç yüz üç). Üçüncü kat. Buyurun anahtarınız.
● Teşekkürler.
♦ Asansör karşıda.
● Kahvaltı ne zaman?
♦ Saat 7'den 10'a kadar. Zemin katta.
● Harika. Teşekkürler.
♦ Bir şey değil. İyi akşamlar.

»

Worauf es ankommt

Bitte sehr Man sagt: Buyurun!/Buyurunuz! *(Bitte sehr!/Was kann ich für Sie/euch tun?)* oder Buyurun, anahtarınız. (Bitte schön, Ihr Schlüssel.), Buyurun, pasaportum. (Bitte schön, mein Pass.) Buyurun als Aufforderung: z. B. İçeriye buyurun! (Kommen Sie herein!), Buyurun oturun! (Setzen Sie sich!)

Zahlen 200–1 000 000 *iki yüz* (200), *üç yüz* (300), *dört yüz* (400) etc., *bin* (1000), *on bin* (10 000), *yüz bin* (100 000), *bir milyon* (1 000 000)

Die Wochentage *pazartesi (Montag), salı (Dienstag), çarşamba (Mittwoch), perşembe (Donnerstag), cuma (Freitag), cumartesi (Samstag)* und *pazar (Sonntag)*

Ein bisschen Grammatik

Die Ordnungszahlen werden mit dem Suffix *-inci* gebildet: *birinci, ikinci, üçüncü ... (erster, zweiter, dritter ...)* Endet das Zahlwort auf einen Vokal, dann fällt der Anfangsvokal von *-inci* weg: *ikinci, altıncı, yedinci (zweiter, sechster, siebter).*

1. Verständnis und Aussprache

1. İyi akşamlar. Buyurun!
2. Adınız?
3. Buyurun pasaportum.
4. Buyurun anahtarınız.
5. Kahvaltı ne zaman?
6. Saat 8'den 11'e kadar.

CD 27 Sicher verstehen Sie die nebenstehenden Sätze. Dann sprechen Sie sie bitte nach!

2. Welche Antwort passt?

1. Rezervasyon var mı?
   a. Evet, var.
   b. Buyurun pasaportum.
2. İki gecelik mi?
   a. Harika!
   b Hayır, üç gecelik.
3. Boş oda var mı?
   a. Maalesef boş oda yok.
   b Pazardan salıya kadar.
4. Kahvaltı dahil mi?
   a Çok teşekkür ederim.
   b. Evet dahil.

Hier passt nur eine Antwort zu einer Frage. Welche ist es? Am besten machen Sie diese Übung wieder zusammen mit Ihrem Tischnachbarn.

3. Fragen bilden

… bir oda var mı?

1. tek kişilik
2. ucuz
3. balkonlu
4. sessiz
5. banyolu
6. güzel

Setzen Sie die Angaben 1–6 in den Beispielsatz ein.
balkonlu = mit Balkon
banyolu = mit Bad

4. Bilden Sie Ordnungszahlen

1. 1.
2. 4.
3. 7.
4. 12.
5. 23.
6. 45.
7. 56.
8. 78.

Fügen Sie den nebenstehenden Zahlen das Suffix *-inci* an.

5. Bitte nachspielen

● … için rezervasyon var mı?
♦ Evet var. …-den …-(y)e kadar.
● … lazım mı?
♦ … lazım. Lütfen …
● Tamam… Başka?
♦ … Oda numaranız …. … kat. Buyurun anahtarınız.
● Teşekkürler.
♦ Kahvaltı ne zaman?
● Saat …-den …-(y)e kadar.

Spielen Sie jeweils zu zweit den A-Dialog nach und improvisieren Sie mit den Ihnen bekannten Wörtern und Wendungen.

5b Daha sessiz bir oda var mı?

Was für ein Zimmer?

bir oda
ein Zimmer

sokak tarafında
(das) zur Straße hin (liegt)

deniz tarafında
(das) zum Meer hin (liegt)

Zu laut?

Bütün odalar gürültülü mü?
Sind alle Zimmer laut?

Daha sessiz bir oda yok mu?
Gibt es kein ruhigeres Zimmer?

Was nicht funktioniert ...

... bozuk
... ist kaputt

ışık
das Licht

kalorifer
die Heizung

televizyon
der Fernseher

klima
die Klimaanlage

...tıkalı
... ist verstopft

lavabo
das Waschbecken

tuvalet
die Toilette

Was man so braucht

Bana/Bize ... lazım.
Ich brauche/Wir brauchen ...

bir havlu
ein Handtuch

bir bardak
ein Glas

tuvalet kağıdı
Toilettenpapier

bir battaniye
eine Decke

CD 28 **Hören Sie sich den folgenden Dialog an.**

- ♦ Resepsiyon. İyi akşamlar.
- ● İyi akşamlar, oda numaram 303 (üç yüz üç).
- ♦ Buyurun.
- ● Bu oda çok gürültülü. Daha sessiz bir oda var mı?
- ♦ Maalesef. Şu anda bütün odalar dolu. Yarından sonra boş bir oda var. Deniz tarafında.
- ● Tamam ... Bir problem daha var.
- ♦ Evet?
- ● Bu odada her şey bozuk. Duş bozuk. Sıcak su yok. Lavabo tıkalı ...
- ♦ Öyle mi? Hemen birini gönderiyorum.
- ● Teşekkürler ... Bir de battaniye lazım.
- ♦ Tabii, hemen.

»

Worauf es ankommt

Gibt es ...? heißt ... *var mı?*, z. B. *Sıcak su var mı?* (*Gibt es heißes Wasser?*). Mögliche Antwort: *Hayır, sadece soğuk su var.* (*Nein, es gibt nur kaltes Wasser.*)

Zeitangaben bugün (*heute*), yarın (*morgen*), dün (*gestern*), dün akşam (*gestern Abend*), dün gece (*gestern Nacht*), şimdi (*jetzt*), şu anda (*im Moment*), bu sabah (*heute Morgen*), bugün öğleden sonra (*heute Nachmittag*) und bu akşam (*heute Abend*)

Ein bisschen Grammatik

Eigenschaftswörter werden mit daha (*mehr, noch*) und en (*am meisten*) gesteigert: büyük (*groß*) → daha büyük (*größer*) → en büyük (*am größten*). Es gibt keine unregelmäßigen Steigerungsformen: iyi (*gut*) → daha iyi (*besser*) → en iyi (*am besten*), çok (*viel*) → daha çok (*mehr*) → en çok (*am meisten*).

1. Verständnis und Aussprache

1. Buyurun?
2. Bu oda çok gürültülü.
3. Öyle mi?
4. Bütün odalar dolu.
5. Televizyon bozuk.
6. Bir problem daha var.

CD 29 Verstehen Sie diese Wendungen? Wenn ja, dann sprechen Sie sie bitte nach.

2. Bitte steigern Sie

*Bu **büyük** bir oda, ama o **daha büyük** bir oda.*

1. büyük
2. sessiz
3. güzel
4. gürültülü
5. küçük
6. iyi

Steigern Sie die nebenstehenden Eigenschaftswörter wie im Beispielsatz.
bu = diese/r/s
o = jene/r/s
küçük = klein

3. Hören und verstehen

1. Oda numarası kaç?
   a. On bir.
   b. Yüz on bir.
2. Oda nasıl?
   a. Küçük.
   b. Gürültülü.
3. Ne bozuk?
   a. Televizyon.
   b. Telefon.
4. Sıcak su var mı?
   a. Var.
   b. Yok.

CD 30 Achten Sie in diesem Dialog wieder genau auf alle Informationen und entscheiden Sie sich für die richtige Antwort auf die Fragen.

4. Welche Antwort passt?

1. Başka bir oda var mı?
   a. Güle güle.
   b. Var, ama daha küçük.
2. Asansör nerede?
   a. Orada, ama bozuk.
   b. Üzgünüm.
3. Kahvaltı dahil mi?
   a. Tanıştırayım: eşim.
   b. Dahil.

Hier macht nur eine Antwort Sinn. Wissen Sie, welche? Gut, dann spielen Sie das mit Ihrem Tischnachbarn durch.

5. Bitte nachspielen

● İyi akşamlar, resepsiyon.
♦ İyi akşamlar. Oda numaram 405.
● Buyurun!
♦ … bozuk ve … yok.
● Öyle mi? Hemen birini gönderiyorum.
♦ Teşekkür ederim.

Spielen Sie den Dialog B nach und improvisieren Sie mit den Ihnen bekannten Wendungen.

5 Das Wichtigste auf einen Blick

Allgemeines CD 31

Öyle mi?
(Ist das) so?

hemen
sofort

tabii
natürlich

Was man noch so braucht

... lütfen
..., bitte

bir adaptör
einen Adapter

bir yastık
ein Kissen

bir çarşaf
ein Bettlaken

birkaç askı
ein paar Kleiderbügel

bir kül tablası
einen Aschenbecher

Hotelvokabular

resepsiyon
Rezeption

anahtar
Schlüssel

asansör
Aufzug

kat
Stockwerk

zemin katı
Erdgeschoss

Einchecken

Buyurun ...	Bitte schön ...
onay belgesi	die Buchungsbestätigung
kredi kartım	meine Kreditkarte
pasaportum	mein Reisepass
kimliğim	mein Personalausweis

Was nicht funktioniert ...

... bozuk	... ist kaputt
klima	die Klimaanlage
soğuk/sıcak su musluğu	der Kalt-/Warmwasserhahn
duş	die Dusche
priz	die Steckdose
sifon	die Wasserspülung
vantilatör	der Ventilator
tuvalet	die Toilette
... kapanmıyor	... lässt sich nicht schließen
pencere	das Fenster
kapı	die Tür
Buzdolabı çok gürültülü.	Der Kühlschrank ist sehr laut.

Pech gehabt

Üzgünüm ...	Es tut mir leid ...
Bütün odalarımız dolu.	Alle unsere Zimmer sind belegt.
Boş oda yok.	Es gibt kein freies Zimmer.

Auschecken

Hesabı çıkarın lütfen.	Machen Sie mir bitte die Rechnung fertig.
... ödeyebilir miyim?	Kann ich ... bezahlen?
peşin	in bar
kredi kartıyla	mit Kreditkarte
Bir imza lütfen!	Eine Unterschrift, bitte!

Camping

Karavan için yer var mı?	Haben Sie noch Platz für ein Wohnmobil?
Bir günlük fiyatı ne kadar?	Was kostet es pro Tag?
karavanlı bir araba için	für ein Auto mit Wohnwagen
bir karavan için	für ein Wohnmobil
bir çadır için	für ein Zelt
kişi başına	pro Person
iki/üç/dört kişi için	für zwei/drei/vier Personen

Biliyor musunuz?

Durch die stetig steigenden Touristenzahlen bemühen sich viele Regionen der Türkei verstärkt um die Qualität der Unterkünfte. Vielerorts werden historische Gebäude restauriert und in Pensionen und kleine Hotels umgewandelt. Dies ist eine wunderbare Möglichkeit, um Land und Leute kennenzulernen und neben den wichtigsten Sehenswürdigkeiten auch verborgene Schätze abseits des Massentourismus zu entdecken.

Anmeldung

In vielen Hotels wird man Sie mit dem Satz *Lütfen bu fişi doldurun.* (Bitte füllen Sie das Formular aus.) bitten, ein Anmeldeformular auszufüllen. Hier etwas Vokabular, um ein solches Formular zu verstehen: *büyük harf ile* (in Großbuchstaben), *soyadı* (Nachname), *adı* (Vorname), *adres* (Adresse), *geliş tarihi* (Ankunftsdatum), *imza* (Unterschrift).

Camping

Auch in der Türkei wird der Urlaub mit Zelt, Wohnwagen oder Wohnmobil immer beliebter und im Laufe der letzten Jahre haben sich viele Campingplätze qualitativ enorm verbessert. Wildes Campen ist allerdings nicht zu empfehlen und steht vielerorts sogar unter Strafe. Wer auf einem Privatgrundstück campen möchte, sollte unbedingt um die Erlaubnis des Besitzers bitten: *Burada kamp yapabilir miyiz?* (Können wir hier campen?)

5 Kapadokya – Auf den Spuren der Geschichte

Görülmeye değer – Sehenswertes

Mit seinen Feenkaminen, Tuffhöhlen und bizarren Felsformationen bietet die Region Kappadokien in Zentralanatolien unendlich viel, um einen unvergesslichen Urlaub zu verbringen. Hierher flohen die ersten Christen vor den Repressalien der Römer und errichteten ihre Kirchen in den Felsen. Fast überall sieht man noch heute die Zeichen uralter Zivilisationen, denn in Kappadokien kreuzten sich seit jeher wichtige Handelswege, so z. B. auch die legendäre Seidenstraße. Einer der meistbesuchten Orte ist die von der UNESCO 1985 zum Weltkulturerbe ernannte Stadt *Göreme* mit ihrer aus dem Tuff herausgehauenen Felsenarchitektur. Eine weitere Besonderheit sind die unterirdischen Städte *Kaymaklı* und *Derinkuyu* oder die Orte *Uçhisar*, *Ürgüp* und *Avanos*.

Yöresel tatlar – Regionale Spezialitäten

Möchten Sie Ihre Reise mit dem Besuch eines der Weinhäuser von *Ürgüp* krönen? Die örtlichen Weine wie der rote *Dimrit* oder die weißen *Emir* oder *Hasandede* sind im ganzen Land beliebt und werden zum Teil immer noch nach uralten Techniken gekeltert und in Krügen und Bechern aus Ton gereicht. In *Avanos* ist *testi kebabı* (im Krug gebackenes Fleisch mit Tomaten, Paprika und Kräutern) so berühmt wie seine Töpferkunst. Und wer an die nahe gelegene Stadt *Kayseri* denkt, dem fallen unweigerlich *pastırma* (Dörrfleisch mit Knoblauch und Kümmel) und die *mantı* genannten gefüllten Teigtäschchen ein.

Haydi gezmeye – Auf Entdeckung

Die 14 km lange und an manchen Stellen 100–150 m tiefe *Ihlara*-Schlucht zwischen den Städten *Ihlara* und *Selime* sollte man auf keinen Fall verpassen. Für Wanderer ist sie eine faszinierende Kulisse und wem nicht nach Bewegung ist, der kann zu einer Tour im Heißluftballon aufbrechen.

Im Café – Kafede 6

Was Sie in dieser Lektion lernen:

- wie man etwas in einem Café bestellt.
- wie man fragt, was man unternehmen kann.
- wie man den Weg beschreibt.

Trockene Kehlen?

Am Reiseziel angekommen und die Koffer verstaut, kann man sich nun in das Abenteuer eines fremden, ungewohnten Alltags stürzen. Als eine erste Anlaufstelle könnte hierfür einfach ein *kafe* (Café) dienen. Folgende Getränke dürften Ihnen bekannt sein, fallen Ihnen noch andere ein?

1. Türk kahvesi
2. çay
3. soda
4. ayran
5. bira
6. beyaz şarap
7. kırmızı şarap
8. rakı

Kafe, kahve, kahvehane

In der Türkei unterscheidet man ganz deutlich das **kafe**, das in etwa unserem Café entspricht und wo man sich zum Plaudern trifft, auch oft alkoholische Getränke, aber auch kleine Gerichte bekommt, und die **kahve** oder **kahvehane** genannten Kaffeehäuser, die nur von Männern besucht werden. Hier wollen sie unter sich bleiben, z. B. zum Fußballschauen und Karten oder **tavla** (Backgammon) spielen.

6 a Taze çay var mı?

Was man trinken möchte

Taze çay var mı?
Gibt es frischen Tee?

Bir ... lütfen.
Ein/e/n ..., bitte.

açık çay
heller Tee (mit viel Wasser)

koyu çay
dunkler Tee (mit viel Aufguss)

bira
Bier

rakı
Rakı (Anisschnaps)

beyaz şarap
Weißwein

kırmızı şarap
Rotwein

portakal suyu
Orangensaft

ayran
Joghurtgetränk

soda
Mineralwasser

Programm

Buralarda görülmeye değer yerler var mı?
Gibt es hier irgendwo sehenswerte Orte zu besichtigen?

Buralarda ... var mı?
Gibt es hier irgendwo ...?

bir kafe
ein Café

bir lokanta
ein Restaurant

bir sinema
ein Kino

bir tiyatro
ein Theater

bir hamam
ein Hamam (Dampfbad)

görülmeye değer ilginç bir yer
eine interessante Sehenswürdigkeit

CD 32 Hören Sie sich den folgenden Dialog an.

♦ Bakar mısınız!
● Buyurun? Ne içmek istiyorsunuz?
♦ Taze çay var mı?
● Var.
♦ Bir açık çay lütfen.
■ Ben kahve içmek istiyorum. Bir Türk kahvesi lütfen.
● Şekerli? Şekersiz?
■ Şekerli lütfen.
● Hemen.

...

♦ Bakar mısınız! Hesap lütfen.
● Toplam 6 (altı) lira.
♦ Buyurun ... Bir dakika. Buralarda görülmeye değer yerler var mı?
● Evet, çok var. Arkeoloji müzesi yakın ... Ama, bugün hava çok güzel. En iyisi, çarşıya gidin.
♦ Teşekkürler.
● Bir şey değil.

»

Worauf es ankommt

Bestellungen Man sagt: *Bir ... lütfen.* (*Ein/e/n ..., bitte.*) oder *... içmek istiyorum.* (*Ich möchte ... trinken.*) Den Kellner ruft man mit: *Bakar mısınız!* (*wörtlich: Würden Sie bitte schauen!*)

Die Rechnung verlangt man mit: *Hesap lütfen!* (*Die Rechnung, bitte!*) oder *Toplam ne kadar?* (*Was macht das?*)

Ein bisschen Grammatik

Die Suffixe *-li* und *-siz* drücken „mit" und „ohne" aus: *şekerli/şekersiz* (*mit Zucker/ohne Zucker*), *tuzlu/tuzsuz* (*mit Salz/ohne Salz*), *balkonlu/balkonsuz* (*mit Balkon/ohne Balkon*)

Wollen: Mit einem Verb in der Grundform und *istemek* (*wollen/mögen*) kann man ausdrücken, was man tun möchte: *İçmek istiyorum.* (*Ich will/möchte trinken.*) Ebenso: *Tiyatroya gitmek istiyorsun.* (*Du willst/möchtest ins Theater gehen.*) usw.

1. Verständnis und Aussprache

1. Ben kahve içmek istiyorum.
2. Bir Türk kahvesi lütfen, az şekerli.
3. Arkeoloji Müzesi yakın mı?
4. Tiyatroya gitmek istiyorum.
5. Yakında bir kafe var mı?
6. Bakar mısınız!

CD 33 Lesen und hören Sie die nebenstehenden Sätze und sprechen Sie sie bitte nach!

2. Bitte vervollständigen

1. Bakar ...sınız!
2. Buyurun?
3. Bir ... lütfen.
4. Şeker..., şeker...?
5. ...
6. Hemen.

Fantasie ist gefragt: Arbeiten Sie zu zweit. Vervollständigen Sie den Dialog und spielen Sie ihn nach.

3. Sätze bilden

*Buralarda bir **müze** var mı?*

1. müze
2. cami
3. tiyatro
4. park
5. banka
6. otopark

Setzen Sie die Wörter 1–6 in den Mustersatz ein.
cami = Moschee
banka = Bank
otopark = Parkhaus

4. Passende Formulierungen

1. fragen, ob es türkischen Kaffee gibt
2. fragen, was jemand trinken möchte
3. fragen, ob es frischen Tee gibt
4. fragen, ob es ein Kino oder Theater gibt
5. sagen, dass Sie Kaffee trinken möchten

Lesen Sie die vorherige Seite noch einmal und finden Sie die passenden Formulierungen für die folgenden Situationen. Zu zweit geht's am besten.

5. Zeigen Sie sich spendabel

● Ne içmek istiyorsun?
♦ Ben ...
● Ya sen?
■ ...
...

Fragen Sie Ihre Kurskollegen, was sie trinken möchten.

6 b Yardımınız için teşekkürler.

Wo gibt's was?

... biliyor musunuz?
Wissen Sie ...?

Çarşı nerede?
Wo ist der Basar?

... meydanında.
Auf dem ...-Platz..

... sokağında.
In der ...-Straße.

Wie lange unterwegs?

Ne kadar sürer?
Wie lange braucht man?

... sürer.
Es dauert ...

... dakika
... Minuten

yarım saat
eine halbe Stunde

bir saat
eine Stunde

Wo genau?

...-(n)in yanında
neben ...

müzenin yanında
neben dem Museum

sağda
rechts

solda
links

kavşaktan
an der Kreuzung

trafik lambasında
an der Ampel

paralel sokakta
in der Parallelstraße

ara sokakta
in der Querstraße

yan sokakta
in der Nebenstraße

CD 34 **Hören Sie sich den folgenden Dialog an.**

- ● Affedersiniz, çarşı nerede?
- ♦ Çok kolay. Bakın, ileride sağda bir banka var. Bankadan sağa dönün. Doğru gidin. İleride solda bir cami var. Çarşı caminin arkasında.
- ● Teşekkür. Bankadan sola ...
- ♦ Hayır, sağa. Sonra doğru camiye kadar.
- ● Yayan uzak mı?
- ♦ Hayır. Yayan beş altı dakika.
- ● Güzel ... Yardımınız için teşekkürler.
- ♦ Bir şey değil!

»

Worauf es ankommt

Links, rechts und geradeaus Für Wegbeschreibungen benutzt man die Aufforderung ... *dönün!* (*Biegen Sie ... ab!*) in Verbindung mit *sağa* (*nach rechts*) und *sola* (*nach links*), z. B. *Bankadan sağa dönün!* (*Biegen Sie an der Bank nach rechts ab!*) Außerdem: *Doğru gidin!* (*Gehen Sie geradeaus!*)

Vor und hinter Die genaue Lage von etwas wird durch Genitivkonstruktionen (mehr dazu siehe unten) wiedergegeben. Man benutzt dabei Hauptwörter, die Ort, Raum und Richtung angeben, wie *ön* (*die Vorderseite*) oder *arka* (*die Hinterseite*): *caminin arkasında* (*hinter der Moschee*), *tiyatronun önünde* (*vor dem Theater*).

Ein bisschen Grammatik

Genitivkonstruktionen drücken eine Art Besitzverhältnis zwischen zwei Hauptwörtern aus. An das erste Wort wird die Endung *-(n)in* und an das zweite die Endung *-(s)i* gehängt: *caminin arkası* (*die Hinterseite der Moschee*). Man benutzt solche Genitivkonstruktionen, um die Fragen *nerede?* (*wo?*) und *nereye?* (*wohin?*) zu beantworten, wobei sie zusätzlich eine passende Fallendung erhalten: *-(n)de* bzw. *-(n)e*. *Nerede?* → *caminin arkasında* (*hinter der Moschee*), *nereye?* → *caminin arkasına* (*hinter die Moschee*).

1. Verständnis und Aussprache

1. Affedersiniz. Müze nerede?
2. Kent merkezinde.
3. Doğru gidin. Sağda bir cami var.
4. Trafik lambasından sağa dönün.
5. Yardımınız için teşekkürler. Hoşça kalın!
6. Bir şey değil!

CD 35 Ist der Dialog klar? Dann macht es sicher keine Probleme, diese Sätze nachzusprechen, oder?

2. Bitte einsetzen

sola – dönün – nerede – gidin – beş

1. Affedersiniz. Postane ....?
2. Yayan .... dakika.
3. Trafik lambasından sağa ....?
4. Doğru ....
5. Kavşaktan .... dönün.

Setzen Sie – möglichst zu zweit – die fehlenden Wörter in die Sätze ein.
postane = Postamt

3. Hören und verstehen

1. Ali … içmek istiyor.
   a. açık çay
   b. koyu çay
2. Meryem … içmek istiyor.
   a. soda
   b. Türk kahvesi
3. Müze caminin …
   a. arkasında
   b. önünde

CD 36 Lauschen Sie jetzt diesem Dialog und ergänzen Sie die richtigen Aussagen.

4. Bitte zuordnen

1. Müze nerede?
2. Yayan uzak mı?
3. Ne içmek istiyorsunuz?
4. Taze çay var mı?
5. Şekerli mi?

a. Bir Türk kahvesi lütfen.
b. Hayır, şekersiz.
c. Evet, var.
d. Caminin arkasında.
e. Hayır, çok yakın.

Ordnen Sie jeder Frage eine logische Antwort zu. Ihr Nachbar hilft sicher gerne.

5. Gespräche erarbeiten

1. fragen, wo das Museum ist
2. fragen, ob es zu Fuß weit ist
3. fragen, ob es in der Nähe eine Bank gibt
4. fragen, ob es in der Nähe ein Café gibt

Erarbeiten Sie mit Ihrem Tischnachbarn Frage und Antwort zu folgenden Themen.

6 Das Wichtigste auf einen Blick

Was man will CD 37

... istiyorum.
Ich will/möchte ...

Türk müziği dinlemek
türkische Musik hören

halk müziği dinlemek
Volksmusik hören

klasik müzik dinlemek
klassische Musik hören

caz/rok dinlemek
Jazz/Rock hören

dans etmek
tanzen

sinemaya gitmek
ins Kino gehen

tiyatroya gitmek
ins Theater gehen

Bezahlen

Bakar mısınız!
in etwa: Herr Ober!

Hesap lütfen.
Die Rechnung, bitte.

Toplam ne kadar?
Was macht das?

Bestellungen

... lütfen.	..., bitte.
bir kahve	einen Kaffee
bir Türk kahvesi	einen türkischen Kaffee
bir Neskafe®	einen Nescafé®
bir kapuçino	einen Cappuccino
bir çay	einen Tee
sıcak çikolata	eine heiße Schokolade
bir bardak ...	ein Glas ...
kırmızı şarap	Rotwein
beyaz şarap	Weißwein
bir bira	ein Bier
bir elma/portakal suyu	einen Apfel-/Orangensaft
bir soda	ein Mineralwasser
bir dilim pasta	ein Stück Kuchen

Programm?

Buralarda ... var mı?	Gibt es hier irgendwo ...?
bir disko	eine Disko(thek)
bir sinema	ein Kino
bir tiyatro	ein Theater
bir müze	ein Museum
bir konser	ein Konzert
bir festival	ein Festival/Fest
bir sergi	eine Ausstellung
bir kafe	ein Café
bir lokanta	ein Restaurant
bir hamam	ein Hamam (Dampfbad)

Wo genau?

... nerede?	Wo ist ...?
Sağda.	Auf der rechten Seite.
Solda.	Auf der linken Seite.
Parkın önünde.	Es ist vor dem Park.
Müzenin yanında.	Es ist neben dem Museum.
Tiyatronun arkasında.	Es ist hinter dem Theater.
Marketin önünde.	Es ist vor dem Supermarkt.
Caminin yanında.	Es ist neben der Moschee.
Postanenin arkasında.	Es ist hinter der Post.

Biliyor musunuz?

Anders als in unseren Cafés gibt es in einem türkischen *kafe* keine Kuchen und Torten, dafür aber alkoholische und alkoholfreie Getränke, kleine Gerichte wie Salate, Sandwichs oder *simit* (Sesamkringel) mit *kaşar* (Hartkäse). Daher eignet sich ein Besuch in einem *kafe* auch bei kleinem Hunger, z. B. auf ein Glas Wein in Verbindung mit einer Käseplatte oder ein paar *zeytin* (Oliven). Süße Zungen zieht es wohl eher in ein *pastane* oder *pastahane* genanntes Konditorei-Café, wo man Süßspeisen wie *baklava* (Honig-Nuss-Strudel), *kadayıf* (geröstete Fladennudeln) und *börek* (salzige Pasteten) bekommt. Hier kann man auch frühstücken, wobei ein türkisches Frühstück (*kahvaltı*) v. a. aus *bal* (Honig), *kaymak* (frischer Rahm), Eierspeisen, frischem Brot, warmer Milch und Tee oder Kaffee besteht. Wer es lieber salzig mag, der kann auch salzige Pasteten wie *börek* oder *poğaça* (kleine Mürbeteigpasteten), *beyaz peynir* (Schafskäse), Tomaten, Gurken und Oliven bestellen.

Kaffee und Tee

Unter *Türk kahvesi* (türkischer Kaffee) versteht man den aufgekochten Mokka, bei dem man bereits bei der Bestellung angeben muss, ob man ihn *sade/şekersiz* (ohne Zucker), *orta/az şekerli* (mittelsüß, mit wenig Zucker), *şekerli* (süß, mit Zucker) oder *çok şekerli* (sehr süß) möchte. Dieses köstliche Getränk wird im *fincan* (einer zierlichen Mokkatasse) und mit einem Glas Wasser serviert. Auch *çay* (Schwarztee) ist ein beliebtes Getränk, das aus tulpenförmigen Gläsern getrunken wird. Ebenfalls beliebte Teesorten sind der süße *elma çayı* (Apfeltee), der entspannende *ada çayı* (Salbeitee) oder der schmackhafte *nane çayı* (Pfefferminztee). Übrigens wird in vielen Speiselokalen nach dem Essen ein Glas Tee serviert.

Zigaretten und Alkohol

Rauchverbot herrscht auch in der Türkei in allen umschlossenen öffentlichen Räumen, in Restaurants, Cafés, Kaffeehäusern, in vielen öffentlichen Gebäuden und in allen Verkehrsmitteln, ja sogar auf Fähren und auch auf Spielplätzen. Ein generelles Alkoholverbot gilt in der Türkei nicht, aber es gibt eine starke (religiös motivierte) Bewegung gegen den Alkoholkonsum in der Öffentlichkeit.

6 İzmir ve Ege Denizi – Spiegelbild der Vergangenheit

Görülmeye değer – Sehenswertes

İzmir, nach *İstanbul* und *Ankara* die drittgrößte Metropole der Türkei, ist eine moderne multikulturelle Großstadt am Ägäischen Meer. Für viele Besucher stellt sie ein Sprungbrett zu den Sehenswürdigkeiten in der Umgebung dar. Im Westen liegt *Çeşme Yarımadası*, eine Halbinsel mit vielen natürlichen Thermalquellen und herrlichen Buchten zum Surfen und Segeln. Die antike Stadt *Efes* (Ephesus) liegt im Süden von *İzmir*, nahe der Stadt *Selçuk*. Die für ihre Heilkunst und für ihre Bibliothek berühmte antike Stadt *Pergamon* liegt etwa 100 Kilometer nördlich der Stadt.

Yöresel tatlar – Regionale Spezialitäten

Zeytin (Oliven) und Kräuter wie Fenchel, Brennnessel, Rucola und Löwenzahn sind die wichtigsten Zutaten der regionalen Küche. Dazu zählen *yaprak sarması* (gefüllte Weinblätter), *bakla* (Saubohnen), *biber dolması* (gefüllte Paprika), *lahana sarması* (gefüllte Kohlblätter), *enginar* (Artischocken) und *kabak çiçeği dolması* (gefüllte Kürbisblüten). Die ägäische Küche bietet außerdem eine große Palette von Meeresfrüchten, Obst und Süßspeisen, z. B. *asma yaprağında sardalya* (in Weinblätter gedünstete Sardellen) oder mit Walnüssen gefüllte, gebackene Feigen. Überall in der Türkei liebt man *İzmir köftesi* (Hackfleischbällchen mit Tomatensoße), das wohl bekannteste Fleischgericht der Stadt.

Haydi gezmeye – Auf Entdeckung

Bei einem Streifzug durch *İzmir* sollte man auf keinen Fall den antiken Stadtkern, die *Kordon* genannte Uferpromenade sowie die *Kadifekale*-Burg verpassen, und wem nach orientalischem Flair ist, der sollte durch den historischen *Kemeraltı*-Basar schlendern. Ob zum Einkaufen – Töpferwaren, Holzprodukte, Messing- und Lederwaren, Teppiche sowie Kelims sind hier von bester Qualität – oder um regionale Delikatessen zu probieren, ein Basarbesuch lohnt sich auf jeden Fall.

Test I

1. Welche Antwort stimmt?

Können Sie sich noch an alle Informationen zur Landeskunde erinnern? Na dann kreuzen Sie sicher die richtige Aussage an.

1. *Die Hauptstadt der Türkei ist ...*
a. Antalya
b. Ankara
c. Istanbul

2. *Ins* kahvehane *gehen meist ...*
a. Männer zum Kaffeetrinken und Plaudern
b. kulturbegeisterte ausländische Touristen
c. Liebhaber von Kaffee und Kuchen

3. *Zugfahren in der Türkei ist ...*
a. wetterbedingt äußerst gefährlich
b. günstig, aber zeitaufwendig
c. teuer, aber die beste Art der Fortbewegung

4. *Kappadokien zeichnet sich durch ... aus.*
a. seine schönen Sandstrände
b. seine mondänen Shopping-Zentren
c. seine Tuffhöhlen und bizarren Felsformationen

5. *Man benutzt Verwandtschaftsbezeichnungen bei der Anrede ...*
a. ausschließlich im familiären Umfeld
b. für ältere, männliche Personen
c. auch für Unbekannte

6. *Als* dolmuş *bezeichnet man ...*
a. ein Sammeltaxi
b. einen Übersetzer
c. eine wohlschmeckende Nachspeise

2. Fragen und Antworten

Sicher haben Sie die letzten sechs Lektionen aufmerksam bearbeitet und machen folglich diese Übung im Handumdrehen. Welche Antwort passt zu welcher Frage?

1. Nasılsın?	a. Doksan lira.
2. Saat kaç?	b. Adım Peter Schmidt.
3. Kaç yaşındasın?	c. Kardeşim.
4. Geceliği ne kadar?	d. Hayır, yakın.
5. Kaç gün için?	e. Otuz yaşındayım.
6. O kim?	f. Saat dört.
7. Tiyatro uzak mı?	g. Şöyle böyle.
8. Adınız ne?	h. Üç gün için.

I Test

Wiederholen Sie die Gesprächssituationen aus den vergangenen Lektionen, indem Sie mit Ihrem Tischnachbarn eine Unterhaltung zu den folgenden Themen führen. Die angegebenen Satzfragmente und Floskeln sollten nur als Richtlinie dienen. Improvisieren ist angesagt!

3. Fit für den „Ernstfall"?

1. *Sie treffen Ihren Bekannten Bülent Yılmaz.*
   - ● Merhaba Bülent. Nasıl...
   - ♦ Çok iyi... Ya sen?
   - ● Ben de iyi... Görüşmek ...
   - ♦ Görüşmek üzere.

2. *Sie halten einen Plausch mit einem/einer Fremden.*
   - ♦ İyi günler. Nerelisiniz?
   - ● Berlin... Ya siz?
   - ♦ Viyana... Mesleğiniz ne?
   - ● Doktor...

3. *Sie erkundigen sich an einem Fahrkartenschalter.*
   - ♦ ..., buyurun? Yolculuk ...?
   - ● Ankara'...
   - ♦ Ne zaman?
   - ● Bugün, saat ... Bilet ...?
   - ♦ ... lira.

4. *Sie rufen bei einem Hotel zwecks Zimmerreservierung an.*
   - ● İyi ..., Otel ... Buyurun?
   - ♦ İyi ... Üç gün için bir oda ...
   - ● Bir dakika. Adınız lütfen?
   - ♦ Adım ... Onayı e-posta ile gönderin lütfen! ...

5. *Ihre Freundin Gül läuft Ihnen zufällig über den Weg.*
   - ● Merhaba Gül. Nasıl...?
   - ♦ İyi... Tanıştırayım: arkadaş... ...
   - ● Memnun ... Türk müsün?
   - ■ Hayır, Alman...

6. *Sie erkundigen sich an der Hotelrezeption.*
   - ● ... görülmeye değer yerler var ...?
   - ♦ Çok şey var.
   - ● Biz müzeye gitmek ... Bir müze var ...?
   - ♦ Evet, var. ... Müzesi. Çok yakın. Yayan 5–10 ...

Bis hier hat sicher alles gut geklappt, oder? Wenn Sie jetzt noch diese Sätze auf Türkisch wiedergeben können, sind Sie reif für die nächste Lektion.

4. Und jetzt noch schnell auf Türkisch!

1. Wie viel Uhr ist es jetzt?
2. Vielen Dank.
3. Ich verstehe nicht.
4. Bis zum nächsten Mal!
5. Einen schwarzen Tee, bitte!
6. Ich suche ein Hotel.
7. Sehr angenehm.
8. Wo ist die Touristeninformation?

Im Restaurant – Lokantada 7

Was Sie in dieser Lektion lernen:

- wie man sich nach dem Essen erkundigt und etwas in einem Restaurant bestellt.
- wie man um eine Empfehlung bittet.
- wie man sagt, dass man etwas anderes bestellt hat.
- wie man um die Rechnung bittet.

Und was möchten Sie essen?

Die türkische Küche ist bekannt für ihre Vielfalt, jede Region des Landes hat ihre eigenen Spezialitäten. Kennen Sie die folgenden Gerichte? Welche mögen Sie am meisten?

1. İskender kebap
2. Adana kebap
3. döner kebap
4. güveç
5. mantı
6. köfte
7. baklava
8. lokma
9. sütlaç
10. börek

Afiyet olsun! (Guten Appetit!)

Ob in einem einfachen **lokanta**, traditionellen **meyhane**, noblen **restoran** oder auf einen süßen Snack in einem **pasta(ha)ne** oder **muhallebici**, man bekommt in der Türkei eine erstaunlich große Auswahl an Gaumenfreuden geboten.

Şerefe! (Prost!)

In der Türkei gibt es kein generelles Alkoholverbot, doch sollte man auf der Straße oder in öffentlichen Verkehrsmitteln keinen Alkohol trinken.

7a Ne içersiniz?

Bestellen

Yemek listesi lütfen!
Die Speisekarte, bitte!

Bir porsiyon ... istiyorum.
Ich möchte eine Portion ...

Ne alırsınız?
Was nehmen Sie?

Meze ne alırsınız?
Was nehmen Sie als Vorspeise?

Tatlı ne alırsınız?
Was nehmen Sie als Nachspeise?

Meze olarak ... istiyorum.
Ich möchte als Vorspeise ...

Ne içersiniz?
Was trinken Sie?

beyaz şarap/kırmızı şarap
Weißwein/Rotwein

Çocuk menüsü var mı?
Haben Sie ein Kindermenü?

Sonderwünsche

Acı mı?
Ist es scharf?

Ben vejetaryenim.
Ich bin Vegetarier/in.

... karşı alerjim var.
Ich bin auf ... allergisch.

Süte karşı alerjim var.
Ich bin auf Milch allergisch.

... getirir misiniz lütfen?
Könnten Sie bitte ... bringen?

bir bıçak
ein Messer

bir çatal
eine Gabel

bir kaşık
einen Löffel

bir peçete
eine Serviette

bir bardak
ein Glas

içecekler
die Getränke

CD 38 **Hören Sie sich den folgenden Dialog an.**

● Buyurun, hoş geldiniz!
♦ Hoş bulduk. İki kişilik bir masa lütfen!
● Şöyle buyurun! Bu masa iyi mi?
♦ Evet, teşekkürler.
● Buyurun, yemek listesi.
♦ Mersi.
● Ne içersiniz?
■ Bir bira lütfen!
♦ Ben bir bardak beyaz şarap istiyorum.
...
● Buyurun içecekler. Yemek ne alırsınız?
■ Ne tavsiye edersiniz?
● Balık tavsiye ederim. Levrek çok taze.
■ Tamam. Bir levrek ızgara lütfen!
♦ Ben kuzu pirzola istiyorum.
● Salata ister misiniz?
♦ Hayır, teşekkürler.

»

Worauf es ankommt

Wo ist Platz? Nach einem Tisch fragen: *... kişilik bir masa var mı? (Haben Sie einen Tisch für ... Personen?)* oder *Ben bir masa ayırttım. (Ich habe einen Tisch reserviert).*

Empfehlungen *Ne tavsiye edersiniz? (Was empfehlen Sie?), ... tavsiye ederim. (Ich empfehle ...)*

Bestellungen Der Kellner fragt: *Ne alırsınız? (Was nehmen Sie?)* oder *Yemek seçtiniz mi? (Haben Sie gewählt?)* Man antwortet: *Evet, ben ... istiyorum. (Ja, ich möchte ...)* bzw. *Hayır, biraz sonra lütfen. (Nein, etwas später bitte.)*

Ein bisschen Grammatik

Bei **höflichen Fragen und Aufforderungen** wird das unbestimmte Präsens verwendet. Bildung: Verbstamm + Präsenssuffix -er/-ir/-r + Personalsuffix.

içmek (trinken) → Ne içersin? (Was trinkst du?), Ne içmek istersiniz? (Was möchten Sie trinken?) oder auch *Gelir misiniz! (Kommen Sie bitte!)*

1. Verständnis und Aussprache

1. Üç kişilik bir masa var mı?
2. Yemek listesi lütfen?
3. Ne tavsiye edersiniz?
4. Balık tavsiye ederim.
5. Bir levrek ızgara lütfen!
6. Bir soda lütfen!

CD 39 Verstehen Sie diese Sätze? Dann sprechen Sie sie bitte nach!
levrek ızgara = gegrillter Barsch
soda = Mineralwasser

2. Welche Antwort passt?

1. Seçtiniz mi?
   a. Hayır, ben vejetaryenim.
   b. Hayır, biraz sonra lütfen.
2. Beyaz şarap içer misin?
   a. Hayır, bira istiyorum.
   b. Evet, çok acı.
3. Balık taze mi?
   a. Hayır, alerjim var.
   b. Evet, taze.

Hier macht nur eine Antwort Sinn. Wissen Sie, welche? Gut, dann spielen Sie die Minidialoge bitte mit Ihrem Tischnachbarn durch.

3. Was gehört wohin?

masa – bardak – kişilik – istiyorum – olarak

1. Meze .... ne tavsiye edersiniz?
2. Bir .... getirir misiniz lütfen?
3. Ben levrek ızgara ....
4. Buyurun, bu .... tamam mı?
5. Kaç .... bir masa istersiniz?

Vervollständigen Sie bitte die Sätze mit den angegebenen Wörtern. Alles ganz harmlos, nicht wahr?

4. Was passt zueinander?

1. Seçtiniz mi?
2. İki kişilik bir masa.
3. Buyurun, yemek listesi.
4. Ne tavsiye edersiniz?
5. Ben vejetaryenim.

a. Was empfehlen Sie?
b. Ich bin Vegetarier.
c. Haben Sie schon gewählt?
d. Bitte schön, die Speisekarte.
e. Ein Tisch für zwei Personen.

Finden Sie die deutsche Entsprechung jedes türkischen Satzes?

5. Bitte nachspielen

- ● ... kişilik bir masa var mı?
- ♦ ... tamam mı?
- ● Evet, teşekkürler. Yemek listesi lütfen!
- ♦ Buyurun.
- ● Tamam, biz ... istiyoruz.

Spielen Sie jeweils zu zweit den Dialog A nach und improvisieren Sie mit den Ihnen bekannten Ausdrücken und Wendungen.

Yemek nasıl?

CD 40 **Hören Sie sich den folgenden Dialog an.**

- ● Buyurun, yemekleriniz ... levrek ızgara.
- ■ O, teşekkür ederim.
- ● Ve şiş kebap.
- ♦ Affedersiniz, ben bunu ısmarlamadım. Ben kuzu pirzola ısmarladım.
- ● O, pardon! Bir dakika lütfen!

...

- ● Buyurun kuzu pirzolanız. İçecek başka bir şey?
- ♦ Hayır, teşekkürler. Bir peçete getirin lütfen!

...

- ● Yemek nasıl? Beğendiniz mi?
- ■ Çok lezzetli, teşekkürler.
- ● Güzel ... tatlı, kahve veya çay ister misiniz?
- ♦ Hayır, hiç bir şey. Doyduk! Teşekkürler.

...

- ■ Bakar mısınız? Hesap lütfen!
- ● Hemen.

»

Worauf es ankommt

Probleme mit der Bestellung? Das Falsche gebracht: *Affedersiniz, ben bunu ısmarlamadım.* (*Verzeihung, das habe ich nicht bestellt.*), *Ben ... ısmarladım.* (*Ich habe ... bestellt.*)

Hat es geschmeckt? Der Kellner fragt: *Beğendiniz mi?* (*Hat es geschmeckt?*) Darauf kann man sagen: *Çok lezzetli, teşekkürler.* (*Sehr lecker, danke.*)

Ein bisschen Grammatik

Mit der **di-Vergangenheit** beschreibt man abgeschlossene Handlungen. Bildung: Verbstamm + Vergangenheitssuffix *-di* + Personalsuffix.

yemek (*essen*) → *ben yedim* (*ich habe gegessen*), *ısmarlamak* (*bestellen*) → *ben ısmarladım* (*ich habe bestellt*), *seçmek* (*wählen*) → *Seçtiniz mi?* (*Haben Sie gewählt?*), *doymak* (*satt werden*) → *doyduk* (*wir sind satt geworden*) Verneint wird durch Einschub des Verneinungssuffix *-me-* nach dem Verbstamm: *ben yemedim* (*ich habe nicht bestellt*), *ben ısmarlamadım* (*ich habe nicht bestellt*).

Was man so braucht ...

Tatlı olarak ne var?
Was für Desserts haben Sie?

İçecek olarak ne var?
Was für Getränke haben Sie?

... getirin lütfen!
Bitte bringen Sie ...!

ekmek
Brot

bir şişe su
eine Flasche Wasser

bir şişe soda
eine Flasche Mineralwasser mit Kohlensäure

tuz
Salz

biber
Pfeffer/Paprika

limon
Zitrone

sirke
Essig

kürdan
Zahnstocher

bir peçete
eine Serviette

bir kahve/çay
einen Kaffee/Tee

Başka bir şey?
Noch etwas?

Hayır, hiç bir şey.
Nein, nichts.

Probleme?

Yemek çok acı/tuzlu.
Es ist zu scharf/versalzen.

Yemek soğuk.
Es ist kalt.

1. Verständnis und Aussprache

1. Buyurun, levrek ızgara.
2. Ben kuzu pirzola ısmarladım.
3. Peçete getirin lütfen!
4. Kahve ister misiniz?
5. Hesap lütfen!

CD 41 Verstehen Sie diese Sätze? Dann sprechen Sie sie bitte nach!

2. Korrekte Form ergänzen

1. Sen ne ....? (görmek)
2. Sen ne ....? (yemek)
3. Ben .... (ısmarlamak)
4. Sen ne ....(ısmarlamak)
5. Siz meze olarak ne ....? (seçmek)
6. Biz şarap .... (içmek)

Setzen Sie in die nebenstehenden Sätze jeweils das in Klammern angegebene Verb in der *di*-Vergangenheit ein. *Tamam mı?*

3. Hören und verstehen

1. Eda ... bir masa istiyor.
   a. üç kişilik
   b. bir kişilik
2. Eda ... ısmarlıyor.
   a. somon ızgara
   b. levrek ızgara
3. Yemek nasıl?
   a. Çok lezzetli.
   b. Çok tatlı.
4. O ne içmek istiyor?
   a. Bir bardak kırmızı şarap.
   b. Bir bardak beyaz şarap.

CD 42 Hören Sie sich den Dialog auf der CD an und ergänzen Sie die Aussagen bzw. beantworten Sie die Fragen.
somon = Lachs
tatlı = süß

4. Können Sie's auf Türkisch sagen?

1. Wie ist der Adana Kebap?
2. Er ist gut, aber etwas versalzen.
3. Möchten Sie einen Nachtisch?
4. Nein danke. Ich nehme nur einen Kaffee, bitte.
5. Die Rechnung, bitte.

Versuchen Sie, die deutschen Sätze auf Türkisch wiederzugeben. Sie finden auf der vorherigen Seite die Vorlagen dazu.

5. Bitte nachspielen

● Buyurun, yemeğiniz ...
♦ Affedersiniz, ben ... ısmarladım.
● Pardon, ...

Spielen Sie den B-Dialog mit Ihrem Tischnachbarn nach und improvisieren Sie mit den Ihnen bekannten Wörtern und Wendungen.

7 Das Wichtigste auf einen Blick

Allgemeines CD 43

güzel
schön/toll/prima

Pardon!
Entschuldigung!

Reserviert?

Bir masa ayırttık.
Wir haben einen Tisch reserviert.

Kim için?
Auf welchen Namen?

Eda için.
Auf den Namen Eda.

Kaç kişilik?
Für wie viele Personen?

İki/Üç kişilik.
Für zwei/drei Personen.

Bu masa tamam mı?
Ist dieser Tisch recht?

Sonstiges

Affedersiniz, tuvalet nerede?
Verzeihung, wo sind die Toiletten?

Arkada sağda/solda.
Hinten rechts/links.

Bestellen

İçecek bir şey?	Etwas zu trinken?
Bir bardak şarap lütfen!	Ein Glas Wein, bitte!
Bir küçük/büyük bira lütfen!	Ein kleines/großes Bier, bitte!
Seçtiniz mi?	Haben Sie schon gewählt?
Yemek listesi lütfen!	Die Speisekarte, bitte!
Ben ... istiyorum.	Ich möchte ...
meze olarak ...	als Vorspeise ...
(sıcak) yemek olarak ...	als (warmes) Hauptgericht ...
tatlı olarak ...	als Dessert/Nachspeise ...

Sonderwünsche

Bu şarap sek mi tatlı mı?	Ist dieser Wein trocken oder süß?
Yemek ne tavsiye edersiniz?	Welches Gericht empfehlen Sie?
Bu yemekte et var mı?	Ist in diesem Gericht Fleisch?
Acılı mı?	Ist es scharf?
Ben vejetaryenim.	Ich bin Vegetarier/in.
... karşı alerjim var.	Ich bin auf ... allergisch.
Süte karşı alerjim var.	Ich bin auf Milch allergisch.

Was man so braucht ...

Başka bir şey?	Noch etwas?
Hayır, hiç bir şey.	Nein, nichts.
... getirin lütfen!	Bitte bringen Sie ...!
ekmek	Brot
bir (şişe) su	ein(e Flasche) stilles Wasser
bir (şişe) soda	ein(e Flasche) Mineralwasser mit Kohlensäure
tuz	Salz
biber	Pfeffer/Paprika
zeytinyağı	Olivenöl
sirke	Essig
bir bıçak	ein Messer
bir çatal	eine Gabel
bir kaşık	einen Löffel
bir peçete	eine Serviette

Probleme?

Çok acı/tuzlu.	Es ist zu scharf/versalzen.
Soğuk.	Es ist kalt.

Typisch türkisch

Wer authentische regionale Spezialitäten probieren möchte, der sollte vornehmlich ein *lokanta* (einfaches Gasthaus) aufsuchen, wo leckere Hausmannskost zu günstigen Preisen in Form von Gemüsegerichten, gekochtem Fleisch und Eintöpfen auf der Speisekarte stehen. Typisch sind auch Lokale, die als Hauptgericht nur *pide* (im Ofen gebackenes, belegtes Fladenbrot) anbieten. In einem *restoran* oder *meyhane* (traditionelles Gasthaus), wo im Unterschied zu einfacheren Lokalen auch alkoholische Getränke wie *rakı* (Anisschnaps) oder Wein angeboten werden, bestellt man normalerweise mehrere Gänge: *soğuk mezeler* (kalte Vorspeisen), *sıcak yemekler* (warme Hauptgerichte) und *tatlılar* (Süßspeisen).

Hesap lütfen!

In der Türkei ist es äußerst unüblich, nach getrennten Rechnungen zu fragen, ja, man bezeichnet dies leicht abfällig als *Alman usulü* (deutsche Art). Hat man mit Freunden oder Bekannten gespeist, wird der Endbetrag in der Regel durch die Anzahl der Gäste geteilt. Und was ist mit dem Trinkgeld? Im Restaurant lässt man es einfach auf dem Tisch liegen (etwa 10 % des Rechnungsbetrags).

Menü

Mezeler
beyaz peynir
cacık
kabak çiçeği dolması
sarma
biber turşusu
patlıcan kızartması
sigara böreği
pilaki

Etler
kuzu pirzola
ızgara köfte
güveç
İzmir köfte
Adana kebap
İskender kebap
şiş kebap
çöp kebap

Balıklar
levrek
alabalık
lüfer
hamsi
uskumru
kılıç balığı
mercan
kefal

Çorbalar
mercimek çorbası
tavuk çorbası
yayla çorbası
düğün çorbası

Tatlı ve meyvalar
dondurma
sütlaç
kavun
karpuz
baklava
lokum
lokma
helva

(Die Bedeutungen der Gerichte finden Sie im alphabetischen Wortschatz.)

7 Bodrum – Sonne und Kultur

Görülmeye değer – Sehenswertes

Mit ihren reizvollen Buchten und Stränden am Ägäischen Meer, einer reichen Geschichte und Kultur, einem quirligen Nachtleben und vielfältigem gastronomischen Angebot ist der Küstenabschnitt um die Hafenstadt *Bodrum* seit Langem ein wahres Paradies für Besucher aus aller Welt. In *Bodrum* selbst – dem antiken *Halikarnassos* – darf man keinesfalls das eindrucksvolle Kreuzritterkastell St. Peter (auf Türkisch *Bodrum Kalesi*) versäumen, in dem sich ein Unterwassermuseum befindet. Das Prunkstück bildet hier das Schiff von *Uluburun*, ein Wrack aus der Bronzezeit, das samt Fracht und Ausstattung geborgen wurde.

Yöresel tatlar – Regionale Spezialitäten

Olivenöl – auf Türkisch *zeytinyağı* – ist an der gesamten Mittelmeerküste ein wichtiger Bestandteil warmer und kalter Speisen wie *dolma*, also gefülltem Gemüse, das in Öl eingelegt wird. Typische regionale Vorspeisen sind außerdem *musakka* (Auberginen-Hackfleisch-Auflauf) und *tarama* (Fischeiercreme). Herzhafte Spezialitäten der Region *Bodrum* sind u. a. *et çökertme* (dünn geschnittenes Rindfleisch mit Knoblauchjoghurt) oder *tuzda balık* (Fisch im Salzmantel).

Haydi gezmeye – Auf Entdeckung

Knapp 25 km von *Bodrum* entfernt liegt das idyllische Fischerdörfchen *Gümüşlük*. Dem Ort vorgelagert ist die Haseninsel (*Tavşan Adası*), auf der sich noch viele Reste der antiken Stadt *Myndos* befinden. Archäologiemuffel werden vielleicht eher die direkt am Wasser liegenden Fischtavernen begeistern.

In Verbindung bleiben – Haberleşme 8

Was Sie in dieser Lektion lernen:

- wie man fragt, ob man das Internet benutzen kann.
- wie man fragt, ob eine bestimmte Software funktioniert.
- wie man sagt, dass am Computer etwas nicht funktioniert.
- wie man eine SIM-Karte kauft.
- wie man sich über Handytarife informiert.

E-Mail auf Türkisch!

Können Sie die folgenden sechs Sonderzeichen ihren türkischen Bezeichnungen zuordnen? Na wunderbar, dann buchstabieren Sie doch gleich mal Ihre E-Mail-Adresse oder Homepage.

1. @	a. eğik çizgi
2. -	b. nokta
3. _	c. et
4. .	d. kısa çizgi
5. /	e. alt çizgi

Billiger!

Wer sich länger in der der Türkei aufhält, legt sich am besten dort eine SIM-Karte zu, damit sind Inlandsgespräche wesentlich billiger als über den heimischen Provider, der zusätzlich sogenannte Roaming-Kosten berechnet. Auch in der Türkei bekommt man von den Handygesellschaften Prepaid-Angebote – **faturasız.**

8 a İnternete girmek istiyorum.

CD 44 **Hören Sie sich den folgenden Dialog an.**

- Merhaba, internete girmek istiyorum.
- ♦ Tabii. Bilgisayar 8 (sekiz) boş.
- Skype™ var mı?
- ♦ Evet, var.

...

- Affedersiniz, kulaklık çalışmıyor.
- ♦ Bir dakika ... Buyurun, şimdi çalışıyor!
- Teşekkürler. Bana boş CD lazım. Burada var mı?
- ♦ Evet, var. Tanesi 1 (bir) lira.
- Son bir soru ... Renkli basmak mümkün mü?
- ♦ Mümkün. Sayfası 50 (elli) kuruş. İşte yazıcı burada.
- Ah, çok kolay! Teşekkürler.

»

Worauf es ankommt

Was möchten Sie benutzen? „Benutzen" entspricht den Verben *girmek* oder *kullanmak*, z. B.. *İnternete girmek istiyorum. (Ich möchte das Internet benutzen.)* oder *Skype™ kullanmak istiyorum. (Ich möchte Skype™ benutzen.)*

Technische Probleme *... çalışmıyor (... funktioniert nicht)*, z. B. *bilgisayar çalışmıyor (der Computer funktioniert nicht), bağlantı (die Verbindung), ekran (der Bildschirm), fare (die Maus), klavye (die Tastatur), internet kamerası (die Webcam), mikrofon (das Mikrofon), kulaklık (der Kopfhörer).*

Ein bisschen Grammatik

Der -(y)e-Fall (Dativ) der Personalpronomen lautet: *bana (mir), sana (dir), ona (ihm/ihr), bize (uns), size (euch/Ihnen), onlara (ihnen).* Die dazugehörige Frage ist *kime? (wem/zu wem?).*

Brauchen: Mit den Personalpronomen im Dativ und *lazım (nötig)* oder *gerekli (erforderlich)* drückt man „brauchen" aus: *Bana bir boş CD lazım. (Ich brauche eine leere CD.), Size bir ara kablosu gerekli. (Sie brauchen ein Verbindungskabel.)*

Die Verneinung von Verben erfolgt mit der Silbe -me-, die zwischen Verbstamm und Endung eingefügt wird: *çalışmıyor (funktioniert nicht), gelmedi (kam nicht).*

Ins Internet

İnternete girmek istiyoum.
Ich möchte das Internet benutzen.

Bağlantı çok yavaş.
Die Verbindung ist sehr langsam.

Alles ist möglich

mümkün
möglich

... mümkün mü?
Ist es möglich (zu) ...?

basmak/çıktı almak
drucken

renkli basmak
in Farbe drucken

taramak
scannen

kopyalamak
kopieren

bir CD [sidi] kopyalamak
eine CD kopieren

Skype™ kullanmak
Skype™ benutzen

Für Profis

bilgisayar
Computer

dizüstü bilgisayarı
Laptop

kamera
Kamera

MP3 [empe üç] çalar
MP3-Player

yazıcı
Drucker

tarayıcı
Scanner

dosya
Datei

indirmek
herunterladen

Immer hilfreich

Lütfen bana yardım eder misiniz?
Können Sie mir bitte helfen?

1. Verständnis und Aussprache

1. İnternete girmek istiyorum.
2. Bilgisayar iki boş.
3. Yazıcı var mı?
4. Bağlantı çok yavaş.
5. Bana yardım eder misiniz?
6. Son bir soru.

CD 45 Sicher verstehen Sie diese Sätze. Na dann bitte mal nachsprechen!

2. Bitte ordnen Sie

_ Skype™ var mı?
_ Evet, mümkün. Sayfası elli kuruş.
1 İnternete girmek istiyorum.
_ Son bir soru … Renkli basmak mümkün mü?
_ Üzgünüm, Skype™ yok.
_ Tamam, bu bilgisayarı kullanın.

In diesem Dialog sind die Sätze durcheinandergeraten. Können Sie sie so ordnen, dass sie wieder einen Sinn ergeben?
kullanmak = benutzen, verwenden

3. Passende Formulierungen

1. sagen, dass Sie das Internet benutzen möchten
2. sagen, dass … nicht funktioniert
3. fragen, ob es Skype™ gibt
4. sagen, dass Sie ein Verbindungskabel brauchen
5. fragen, ob in Farbe drucken möglich ist

Finden Sie auf der vorherigen Seite die passenden Formulierungen für folgende Gesprächssituationen.

4. Bitte ins Deutsche übersetzen

1. Bilgisayar çalışmıyor.
2. Tarayıcı nerede?
3. Bu resimi taramak mümkün mü?
4. Size bir USB stik lazım.
5. Bağlantı çok yavaş.

Lesen Sie die Sätze aufmerksam und übersetzen Sie sie ins Deutsche.
resim = Bild, Foto
USB stik = USB-Stick

5. Bitte nachspielen

♦ İnternete girmek istiyorum?
● Tabii. Bilgisayar … boş.
♦ Teşekkürler. … var mı?
● Evet, var.
♦ … çalışmıyor.
● Bir dakika lütfen.

Spielen Sie mit Ihrem Tischnachbarn den Dialog A nach und verwenden Sie die Ihnen bekannten Wendungen.

8b Bir SİM kart almak istiyorum.

Telefonieren

telefon
Telefon

cep telefonu
Handy

... almak istiyorum.
Ich möchte ... kaufen.

bir SİM kart
eine SIM-Karte

bir telefon kartı
eine Telefonkarte

bir para yükleme kartı
eine Aufladekarte

Ne kadarlık?
Für wie viel?

On liralık.
Für 10 Lira.

Bu ne kadar?
Was kostet das?

Tarife nasıl?
Wie ist der Tarif?

her yöne
in jedes Netz

dakikası 25 (yirmi beş) kuruş
pro Minute 25 Kuruş

bir SMS/bir mesaj
eine SMS

Vertrag oder Prepaid?

faturalı/sözleşmeli
mit (Langzeit-)Vertrag

faturasız/Prepaid
mit Prepaid-Vertrag

CD 46 **Hören Sie sich den folgenden Dialog an.**

- ● Merhaba, bir SİM kart almak istiyorum.
- ♦ Faturalı mı, faturasız mı?
- ● Faturasız, ne kadar?
- ♦ Bu 15 (on beş) lira. Şu 20 (yirmi) lira.
- ● Tarife nasıl?
- ♦ Her yöne dakikası 15 (on beş) kuruş.
- ● Almanya'ya ne kadar?
- ♦ Almanya'ya 25 (yirmi beş) kuruş.
- ● Peki, SMS ne kadar?
- ♦ SMS ... her yöne 25 (yirmi beş) kuruş.
- ● Güzel! Bir de para yükleme kartı almak istiyorum.
- ♦ Ne kadarlık?
- ● 10 (on) liralık lütfen!

»

Worauf es ankommt

Was kostet's? Nach dem Preis fragt man: *... ne kadar? (Was kostet ...?)*, z. B.. *Bir SİM kart ne kadar? (Was kostet eine SIM-Karte?)* bzw. *Almanya'ya telefon ne kadar? (Was kostet es, nach Deutschland zu telefonieren?)*

Immer nützlich Wendungen wie die folgenden kann man immer gebrauchen: *Nereden ... alabilirim? (Wo kann ich ... kaufen?)*, *Nereden para yükleme kartı alabilirim? (Wo kann ich eine Aufladekarte kaufen?)* oder *... almak istiyorum. (Ich möchte ... kaufen.)*

Ein bisschen Grammatik

Die hinweisenden Fürwörter lauten in der Einzahl bu *(diese/-r/-s hier)*, şu *(diese/-r/-s da)* und o *(diese/-r/-s dort, jene/-r/-s)*. In der Mehrzahl heißen sie bunlar, şunlar und onlar: *Bu iyi. Onlar iyi değil. (Dieses hier ist gut. Jene dort sind nicht gut.)*

1. Verständnis und Aussprache

1. Bir SİM kart almak istiyorum.
2. Faturalı mı, faturasız mı?
3. Peki, 18 liralık.
4. Her yöne dakikası 19 kuruş.
5. SMS 24 kuruş.
6. Avusturya'ya ne kadar?

CD 47 Das Verständnis und die richtige Aussprache sind der Schlüssel zu gutem Türkisch! Bitte sprechen Sie diese Sätze nach.

2. Was passt zueinander?

1. Almanya'ya telefon …
2. Bir SİM kart …
3. Faturalı mı …
4. Tarife …
5. Nereden para yükleme …

a. faturasız mı?
b. nasıl?
c. almak istiyorum.
d. ne kadar?
e. kartı alabilirim?

Können Sie mit Ihrem Nachbarn immer zwei Teile zuordnen?

3. Hören und verstehen

1. Elif bir … almak istiyor.
   a. SİM kart
   b. cep telefonu
2. Faturalı mı?
   a. Evet, faturalı.
   b. Hayır, faturasız
3. Tarife nasıl?
   a. Dakikası 19 kuruş.
   b. Dakikası 9 kuruş.

CD 48 Können Sie die Fragen zu dem Text, den Sie auf der CD hören, beantworten und den ersten Satz ergänzen?

4. Können Sie's zuordnen?

1. Wo ist ein Telefonladen?
2. Was kostet das?
3. Ich möchte telefonieren.
4. Das ist sehr einfach.
5. Wo kann ich eine SIM-Karte kaufen?

a. Nereden bir SİM kart alabirim?
b. Bu çok kolay.
c. Telefon etmek istiyorum.
d. Telefon dükkanı nerede?
e. Bu ne kadar?

Bitte ordnen Sie den deutschen Sätzen ihre türkischen Entsprechungen zu.
telefon etmek = telefonieren
dükkan = Geschäft, Laden

5. Was für Quasselstrippen

♦ Faturasız SİM kart ne kadar?
● … lira.
♦ Tarife nasıl?
● Her yöne dakikası … kuruş.
♦ Tamam, teşekkürler.

Um auch in der Türkei immer erreichbar zu sein, üben Sie den letzten Dialog mit Ihrem Tischnachbarn. Von besonderem Interesse dürften die Tarife sein, nicht wahr?

8 Das Wichtigste auf einen Blick

Wichtige Wendungen CD 49

Nereden ... alabilirim?
Wo kann ich ... kaufen?

... çalışmıyor.
... funktioniert nicht.

Lütfen bana yardım eder misiniz?
Können Sie mir bitte helfen?

Çok kolay!
Das ist ganz einfach!

Mehr zum Handy

Bu cep telefonu için şarj aleti var mı?
Gibt es ein Ladegerät für dieses Handy?

Nereden para yükleme kartı alabilirim?
Wo kann ich eine Aufladekarte kaufen?

On lira yüklemek istiyorum.
Ich möchte mit 10 Lira aufladen.

PIN kodumu kaybettim.
Ich habe meinen PIN-Code verloren.

Ins Internet

İnternete girmek istiyorum.	Ich möchte das Internet benutzen.
Bağlantı çok yavaş.	Die Verbindung ist sehr langsam.

Alles ist möglich

... mümkün mü?	Ist es möglich (zu) ...?
(renkli) basmak	(in Farbe) zu drucken
bir CD kopyalamak	eine CD zu kopieren
USB stik/bellek kullanmak	einen USB-Stick zu benutzen

Für Profis

kamera	Fotoapparat/Kamera
MP3 çalar	MP3-Player
dosya	Datei
indirmek	herunterladen
kaydetmek	speichern
kopyalamak	kopieren
silmek	löschen
tıklamak	anklicken
açmak – kapatmak	anschalten – abschalten
bağlamak	verbinden
kullanıcı – şifre	Nutzer – Passwort

Telefonieren

telefon – cep telefonu	Telefon – Handy
... almak istiyorum.	Ich möchte ... kaufen.
bir telefon kartı	eine Telefonkarte
bir SİM kart	eine SIM-Karte
Ne kadarlık?	Für wie viel?
... liralık.	Für ... Lira.
Tarife nasıl?	Wie ist der Tarif?
... ne kadar?	Was kostet ...?
Bir SMS/mesaj	eine SMS
Dakikası ne kadar?	Was kostet es pro Minute?
Dakikası ... kuruş.	Es kostet ... Kuruş pro Minute.

Öffentliche Telefone

Telefon etmek istiyorum.	Ich möchte telefonieren.
Almanya'ya telefon ne kadar?	Was kostet es, nach Deutschland zu telefonieren?
... telefon kodu ne?	Wie ist die Vorwahl ...?
Almanya'nın/Türkiye'nin	von Deutschland/der Türkei?

Internet & Telefon 8

Immer online

Natürlich wird auch überall in der Türkei der Zugang ins WWW immer einfacher. Erfreulicherweise bieten mittlerweile die meisten Hotels gratis Internetzugang im Zimmer bzw. in der Lobby an. Auch gibt es in immer mehr Lokalen, auf internationalen Flughäfen und in anderen öffentlichen Einrichtungen die Möglichkeit, sich mit dem eigenen Laptop ins Netz einzuloggen. Außerdem gibt es Internetcafés, die meist über eine schnellere Verbindung verfügen als die offenen Netze.

Biliyor musunuz?

Neben vielen aus dem Englischen entlehnten Wörtern gibt es für zahlreiche Begriffe der Computersprache eigene türkische Neuschöpfungen, so z. B. *bilgisayar* (Computer) oder *e-posta* (E-Mail) oder es werden halb englische, halb türkische Wörter benutzt, z. B.. *print etmek* (ausdrucken), *chatleşmek* (chatten), *USB bellek* oder *USB stik* (USB-Stick), *SİM kart* (SIM-Karte) etc.

Nach Hause telefonieren?

Die Ländervorwahl für die Türkei lautet 0090, die darauffolgende 0 der Ortsnummer darf bei Gesprächen aus dem Ausland nicht mitgewählt werden. Aus der Türkei wählt man folgende Nummern vor: Deutschland 0049, Österreich 0043, Schweiz 0041.

Efendim!

Türken melden sich am Telefon anstatt mit dem Nachnamen in der Regel mit *Efendim!*, worauf der Anrufer *Alo!* (Hallo!) erwidert. Also bloß nicht gleich auflegen, weil Sie dachten, dass Sie sich verwählt haben …

8 Bursa – Die grüne Metropole

Görülmeye – Sehenswertes

Die Stadt *Bursa* liegt 200 km südöstlich von Istanbul zu Füßen des *Uludağ*-Berges inmitten einer sehr üppigen Landschaft. Daher heißt die Stadt im Volksmund auch *Yeşil Bursa* (das grüne *Bursa*). Sie war die erste Hauptstadt des Osmanischen Reiches (1326–1368) und sehenswert sind bis heute die Grabstätten und prachtvollen Mausoleen *(türbe)* der frühen Sultane. Heute ist *Bursa* eine Industriestadt und mit knapp zwei Millionen Einwohnern die viertgrößte Metropole der Türkei. Traditionell ist *Bursa* bekannt für seine Seidenmanufakturen, die immer noch wertvolle Produkte herstellen. Wer genug vom Großstadtrummel hat, findet in den Thermalquellen im Stadtteil *Çekirge* Entspannung. Im Übrigen ist die Bergregion nahe *Bursa* das beliebteste Wintersportzentrum in der Türkei.

Yöresel tatlar – Regionale Spezialitäten

Bursa ist im ganzen Land berühmt für den *İskender kebap* (auch als *Bursa kebap* bekannt), also auf dem Drehspieß gegrilltes und dünn geschnittenes Lammfleisch, das mit Fladenbrot, Joghurt, gegrillten Paprika, Tomaten und zerlassener Butter serviert wird. Naschkatzen dürfte auch das örtliche Kastanienkonfekt *(kestane şekeri)* und *Kemal Paşa tatlısı* – ein sehr delikates, aus Frischkäse, Grieß und Eiern hergestelltes, rundes Gebäck, das mit Zuckersirup, Eis, Sahne oder Sesam kredenzt wird – faszinieren.

Haydi gezmeye – Auf Entdeckung

Der 2542 Meter hohe *Uludağ* wurde aufgrund seiner reichen Flora und Fauna zum Nationalpark erklärt. Nicht nur zum Wintersport, sondern auch zum Camping, Trekking oder zum simplen Picknick lieben ihn die Einheimischen. In der Antike wurde er *Olympos Mysios* genannt und soll der Ort gewesen sein, von dem aus die Götter den Trojanischen Krieg verfolgt haben.

In der Bank und auf der Post – Banka ve Postanede 9

Was Sie in dieser Lektion lernen

- wie man bei Problemen am Geldautomaten reagiert.
- wie man Briefmarken kauft und sich nach Versandmöglichkeiten erkundigt.
- wie man auf der Post eine Sendung aufgibt.

Herzliche Urlaubsgrüße

Können Sie die Texte der drei Postkarten aus der Türkei den drei Bildern zuordnen? Gar nicht so schwer, oder?

Merhaba Ali,

Alanya'dayım ve burada yemekler çok lezzetli.

Selamlar,

Sibel

Merhaba arkadaşlar,

Pamukkale'den sevgiler. Nasılsınız?

Yakında görüşürüz,

Detlef

Sevgili Fatma Hanım,

Edirne'deyim. Hava çok güzel. Herkese çok selam!

Sevgiler,

Gül Eser-Müller

PTT

ist die Abkürzung für **Posta ve Telgraf Teşkilatı**. Meist sagt man aber einfach **Postane** (die Post). Informationen gibt es unter **www.ptt.gov.tr**

Geldautomaten

Zur Benutzung der Geldautomaten kann man verschiedene Sprachen auswählen. Diese werden durch die entsprechenden Fahnen symbolisiert, die einfach angeklickt werden müssen.

Deutsch = **Almanca**

Englisch = **İngilizce**

Türkisch = **Türkçe**

9 a Bankamatik bozuk.

CD 50 **Hören Sie sich den folgenden Dialog an.**

♦ Affedersiniz?
● Evet? Buyurun?
♦ Galiba bu bankamatik bozuk.
● Öyle mi?
♦ Evet, kartımı geri vermiyor.
● Bir bakalım …
♦ Şimdi ne yapmalıyım?
● Hemen servise telefon etmelisiniz! İşte telefon numarası burada.
♦ Servis ne zaman gelir?
● Biraz bekleyin! Hemen gelir. Merak etmeyin!
♦ Teşekkürler.
● Bir şey değil.

Am Geldautomaten

bankamatik/ATM [ateme]
Geldautomat

kredi kartı
Kreditkarte

banka kartı
EC-Karte

Lütfen kartınızı girin!
Führen Sie bitte Ihre Karte ein!

şifre
Geheimzahl

Lütfen şifrenizi girin!
Geben Sie bitte Ihre Geheimzahl ein!

Lütfen kartınızı/paranızı alınız!
Entnehmen Sie bitte Ihre Karte/Ihr Geld!

giriş/iptal/düzeltme
Bestätigen/Abbrechen/Korrektur

tuş
Taste

ekran
Bildschirm

Probleme

bozuk
kaputt

İşlem yarıda kesildi.
Der Vorgang wurde abgebrochen.

Bankamatik kartımı geri vermiyor.
Der Geldautomat gibt meine Karte nicht zurück.

Galiba bu bankamatik bozuk.
Wahrscheinlich ist der Geldautomat kaputt.

Kredi kartımı kaybettim.
Ich habe meine Kreditkarte verloren.

Şifremi unuttum.
Ich habe meine Geheimzahl vergessen.

Yanlış şifre girdim.
Ich habe eine falsche Geheimzahl eingegeben.

Bir bakalım.
Schauen wir mal.

»

Worauf es ankommt

Probleme am Geldautomaten Bei Problemen helfen Sätze wie: *Bankamatik bozuk. (Der Geldautomat ist kaputt.), Ekran çalışmıyor. (Der Bildschirm funktioniert nicht.), Tuşlar çalışmıyor. (Die Tasten funktionieren nicht.)* oder *Bankamatik kartımı geri vermiyor. (Der Automat gibt meine Karte nicht zurück.)*

Persönliche Infos Bei Schwierigkeiten fragt man Sie wahrscheinlich: *Hesabınız hangi bankada? (Bei welcher Bank haben Sie Ihr Konto?), İBAN numaranız ne? (Wie ist Ihr IBAN-Code?)* oder *Hesap numaranız ne? (Wie ist Ihre Kontonummer?)*

Ein bisschen Grammatik

„Müssen“ wird durch die Notwendigkeitsform des Verbs ausgedrückt. Bildung: Verbstamm + Notwendigkeitssuffix -meli + Personalendung. *Hemen servise telefon etmeliyim. (Ich muss sofort den Service anrufen.), Bankaya gitmeliyim. (Ich muss zur Bank gehen.)* Auch „sollen“ im Sinne einer Aufforderung kann man so ausdrücken: *Hemen servise telefon etmelisiniz! (Sie sollen sofort den Service anrufen!)*

1. Verständnis und Aussprache

1. Günaydın. Buyurun?
2. Galiba bankamatik bozuk.
3. İşlem yarıda kesildi.
4. Yanlış şifre girdim.
5. Şimdi ne yapmalıyım?
6. Hemen servise telefon etmelisiniz.

CD 51 Sprechen Sie bitte diese Sätze nach! Wenn Sie sich Seite 74 gut durchgelesen haben, sollte das Verständnis keine Probleme machen.

2. Welche Verben passen?

etmeliyim – girdim – var mı – vermiyor – bozuk – giriniz

1. Yakında bir bankamatik ....?
2. Galiba bankamatik ....
3. Bankamatik kartımı geri ....
4. Servise telefon ....
5. Şifrenizi ....!
6. Yanlış şifre ....

Oh je, hier fehlt doch was! Bitte lesen Sie die Sätze und ergänzen Sie die fehlenden Wörter.

3. Bilden Sie die Notwendigkeitsformen

*gelmek – ben → gel**meli**yim*

1. gelmek – ben
2. gitmek – sen
3. vermek – o
4. almak – biz
5. yapmak – siz
6. yemek – onlar

Können Sie sich an die Bedeutungen dieser Verben erinnern? Dann bilden Sie bitte die Notwendigkeitsformen für die angegebenen Personen.

4. Wer wird der Rechenmeister?

*Yirmi **artı** on dört **eşittir** otuz dört.*

1. artı 14
2. eksi 32
3. artı 17
4. arti 55
5. eksi 42
6. eksi 19
7. artı 36
8. eksi 10
9. eksi 14
10. artı 30
11. eksi 9
12. artı 26

Geben Sie Ihrem Tischnachbarn ausgehend von 20 eine der nebenstehenden Rechenanweisungen. Dieser sagt das Ergebnis und stellt dann ausgehend davon seinem Nachbarn die nächste Rechenaufgabe.

5. Bitte nachspielen

● ... Buyurun?
♦ Galiba bu bankamatik ...
Kredi kartımı geri vermiyor.
● Yanlış şifre mi girdiniz?
♦ Hayır. ... çalışmıyor?
● Servise telefon ...
...

Spielen Sie in Zweiergruppen das Gespräch zwischen dem Touristen und dem Bankangestellten nach. Hier eine Anregung, welche Wörter darin vorkommen sollten.

9b Bir paket göndermek istiyorum.

Auf der Post

postane
Postamt

kartpostal
Postkarte

mektup
Brief

paket
Paket

küçük paket
Päckchen

pul
Briefmarke

özel pul
Sondermarke

uçakla
per Luftpost

ekspres
per Eilzustellung

gümrük beyannamesi
Zollerklärung

makbuz
Quittung

Am Kiosk

bir Alman gazetesi
eine deutsche Zeitung

bir Alman dergisi
eine deutsche Zeitschrift

şekerleme
Süßigkeiten

çikolata
Schokolade

ciklet/sakız
Kaugummi

CD 52 **Hören Sie sich den folgenden Dialog an.**

♦ İyi günler.
● İyi günler. Buyurun?
♦ Avusturya'ya bir paket göndermek istiyorum.
● Tabii! Buyurun!
♦ Ücreti ne kadar?
● Bir dakika lütfen! 4 (dört) lira.
♦ Ne zaman ulaşır?
● Üç gün sürer.
♦ Peki! İsviçre'ye bir kartpostal göndermek istiyorum.
Bir de pul lütfen!
● Tamam ... Toplam 6 (altı) lira 40 (kırk) kuruş.
♦ Buyurun.
● Pulunuz ve makbuzunuz! Teşekkürler.
♦ Ben de teşekkür ederim.

»

Worauf es ankommt

Post versenden ... Man sagt *... göndermek istiyorum.* *(Ich möchte ... schicken.)*, gefolgt von der jeweiligen Sendung: *İsviçre'ye bir paket göndermek istiyorum.* *(Ich möchte ein Paket in die Schweiz schicken.)*, *...'e bir pul lütfen.* *(Eine Briefmarke nach ..., bitte.)*

Einschreiben oder normaler Brief *Normal posta mı taahhütlü mü?* *(Als normaler Brief oder als Einschreiben?)*, *Toplam ... lira.* *(Das macht zusammen ... Lira.)* oder *Posta ücreti ... lira.* *(Das Porto kostet ... Lira.)*

Ein bisschen Grammatik

Man fragt mit dem **Fragewort** *ne kadar?* bekanntlich nach dem Preis (*Was kostet ...?*), aber auch nach der Dauer (*Wie lange ...?*) und nach der Menge bei unzählbaren Dingen (*wie viel?*): *İsviçre'ye mektup ne kadar?* *(Was kostet ein Brief in die Schweiz?)*, *Ne kadar sürer?* *(Wie lange dauert es?)*, *Ne kadar şeker istersiniz?* *(Wie viel Zucker möchten Sie?)*

1. Verständnis und Aussprache

1. İki özel pul lütfen!
2. Bu paketi Avusturya'ya göndermek istiyorum.
3. Normal posta mı ekspres mi?
4. Taahhütlü posta lütfen!
5. Toplam 9 lira 60 kuruş.

CD 53 Verstehen Sie alle Sätze? Na dann bitte wieder nachsprechen!

2. Ordnung ist die halbe Übung!

_ Pul var mı?
_ Evet, var.
_ Üç kartpostal … Başka bir şey?
_ Üç kartpostal, üç pul. Toplam 9 lira 60 kuruş.
1 Merhaba, bu kartpostalları almak istiyorum.
_ Üç pul lütfen! Toplam ne kadar?

Dieser Dialog ist gründlich durcheinandergeraten. Können Sie ihn wieder richtig ordnen? Der Nachbar hilft sicher gerne …

3. Hören und verstehen

1. Fatma'ya … bir pul lazım.
   a. bir mektup için
   b. bir kartpostal için
2. O, kartpostalı … gönderiyor.
   a. Avusturya'ya
   b. İsviçre'ye
3. Gül … göndermek istiyor.
   a. bir paket
   b. bir küçük paket
4. Normal posta ile mi?
   a. Evet, normal posta ile.
   b. Hayır, ekspres.

CD 54 Bitte achten Sie in diesem Hörtext erneut genau auf alle Informationen und ergänzen Sie die Aussagen bzw. beantworten Sie die Frage.

4. Bitte vervollständigen

Almanya'ya kartpostal ne kadar?

1. Almanya
2. Avusturya
3. İsviçre
4. Türkiye
5. İtalya
6. Fransa

Setzen Sie die vorgegebenen Ländernamen in den Mustersatz ein. Alles klar?

5. Bitte nachspielen

● Merhaba! Buyurun?
♦ Avusturya… mektup ne kadar?
● Normal posta mı …?
♦ … lütfen.
● … lira … kuruş.

Auch hier sollen Sie den Lektionsdialog noch einmal in Zweiergruppen durchspielen. Was Sie verschicken, ist Ihnen selbst überlassen.

9 Das Wichtigste auf einen Blick

Wichtige Ausdrücke CD 55

galiba
wahrscheinlich

işte ...
hier ist/sind ...

Biraz bekleyin!
Warten Sie einen Moment!

Merak etmeyin!
Machen Sie sich keine Sorgen!

Geldwechsel

... Euro bozdurmak istiyorum.
Ich möchte ... Euro wechseln.

İsviçre frankı
Schweizer Franken

Rauchwaren

bir paket sigara
ein Päckchen Zigaretten

puro
Zigarren

çakmak
Feuerzeug

bir kutu kibrit
eine Schachtel Streichhölzer

Am Geldautomaten

bankamatik/ATM [ateme]	Geldautomat
kredi kartı – banka kartı	Kreditkarte – EC-Karte
şifre	Geheimzahl
Lütfen şifrenizi girin!	Geben Sie bitte Ihre Geheimzahl ein!
Lütfen kartınızı girin!	Führen Sie bitte Ihre Karte ein!
Lütfen kartınızı alınız!	Entnehmen Sie bitte Ihre Karte!
Lütfen girişinizi onaylayınız!	Bitte bestätigen Sie Ihren Vorgang!
iptal – düzeltme	Abbrechen – Korrektur

Probleme

Bu bankamatik problemli.	Es gibt ein Problem mit dem Geldautomaten.
Para çekemiyorum.	Ich kann nicht abheben.
Bankamatik kartımı geri vermiyor.	Der Geldautomat gibt meine Karte nicht zurück.
... çalışmıyor.	... funktioniert nicht.
Galiba ... bozuk.	Wahrscheinlich ist ... kaputt.
Şifremi unuttum.	Ich habe meine Geheimzahl vergessen.
Yanlış şifre mi girdiniz?	Haben Sie die falsche Geheimzahl eingegeben?
Kredi kartımı kaybettim.	Ich habe meine Kreditkarte verloren.
Şimdi ne yapmalıyım?	Was soll/muss ich jetzt machen?
Nereden para çekebilirim?	Wo kann ich Geld abheben?

Auf der Post

postane	Postamt
kartpostal – mektup	Postkarte – Brief
zarf	Umschlag
paket – küçük paket	Paket – Päckchen
pul – özel pul	Briefmarke – Sondermarke
Normal mi ekspres mi?	Normal oder per Eilzustellung?
Normal mi taahhütlü mü?	Normal oder per Einschreiben?
uçakla	per Luftpost
Zarfınız var mı?	Haben Sie Kuverts?
Gümrük beyannamesi vermem lazım mı?	Brauche ich eine Zollerklärung?
Kitap için bir özel tarife var mı?	Gibt es einen Sondertarif für Bücher?

Biliyor musunuz?

Die Maestro-(EC-)Karte und alle gängigen Kreditkarten können an den meisten Automaten in der Türkei mit Geheimnummer (PIN) zum Abheben von Bargeld eingesetzt werden. Zwar fallen hierbei Gebühren an, doch liegen diese häufig unter der Provision (*komisyon*) von Wechselstuben (*döviz bürosu*). Kreditkarten werden in den meisten Restaurants und Geschäften sowie an allen Tankstellen angenommen. In Touristenregionen kann man oft auch mit Euro bezahlen, doch sind die Umrechnungskurse hierbei in der Regel ungünstig.

Auf der Post in der Türkei

Im Zeitalter von SMS und E-Mails mögen Postkarten altmodisch wirken, doch so manch Zuhausegebliebener freut sich sicher noch über einen kleinen postalischen Gruß. Das Postamt heißt in der Türkei *Postane (PTT)*. Standardbriefe bis 20 g und Postkarten ins Ausland kosten 2,20 Lira. Daneben wird eine schnellere Versandart namens *ekspres* (Eilzustellung) angeboten, bei der die Lieferungen rascher ankommen und etwas teurer sind. Die gelben Briefkästen – *posta kutusu* genannt – haben nur einen Schlitz, der die Aufschrift *MEKTUP* trägt.

Zeitungskiosk

Auch an Zeitungskiosken – auf Türkisch *gazete bayisi* (wörtlich: Zeitungsverkäufer) – bekommt man neben in- und ausländischer Presse Rauchwaren, Knabberzeug und Süßigkeiten, häufig Briefmarken (*pul*) und in der Nähe von Haltestellen auch Fahrkarten.

9 Trabzon ve Karadeniz – Ein Hauch von Abenteuer

Görülmeye değer – Sehenswertes

Die Region entlang des Schwarzen Meeres ist anders als der Rest der Türkei. Das liegt am satten Grün der Küste und an den dicht bewaldeten Bergen, die neben vielen türkischen Besuchern auch immer mehr Touristen anziehen. Ausgangspunkt für eine Erkundungstour durch die landwirtschaftlich geprägte Gegend – Haselnüsse, Tee und Tabak sind hier wichtige Exportgüter – sollte die bereits in der Antike gegründete Hafenstadt *Trabzon* sein. Die Stadt beherbergt viele historische Bauwerke wie die Zitadelle *(Hisar)* oder die bekannte byzantinische Kathedrale Hagia Sophia.

Yöresel tatlar – Regionale Spezialitäten

In der ganzen Schwarzmeerregion sind Sardellengerichte *(hamsi)* sehr beliebt. Man schätzt sie gedämpft *(hamsi buğulama)*, paniert *(hamsi tava)*, als Frikadelle *(hamsi köftesi)* und sogar als Pastete *(hamsili börek)*. Mindestens ebenso verbreitet ist die aus Mais, weißen Bohnen und Blaukraut zubereitete Suppe *kara lahana çorbası* sowie verschiedene Brotsorten auf Maismehlbasis.

Haydi gezmeye – Auf Entdeckung

Etwa 45 km südlich von *Trabzon*, inmitten des *Altındere*-Nationalparks, liegt das atemberaubende Felsenkloster *Sümela*. Es ist etwa 270 m oberhalb einer Schlucht in den Fels gehauen und thront auf insgesamt 1200 Höhenmetern. Ursprünglich wohnten dort frühchristliche Eremiten, doch mittlerweile ist es auch für Moslems ein wichtiger Wallfahrtsort.

Auf Reisen – Yolculukta 10

Was Sie in dieser Lektion lernen:

- wie man sich nach dem richtigen Fahrschein erkundigt.
- wie man fragt, welches Verkehrsmittel man am besten nimmt.
- wie man einem Taxifahrer sagt, wohin man fahren will.
- wie man Small Talk macht.
- wie man das Wetter beschreibt.

Das liebe Wetter!

Sehen Sie sich die Fotos an und versuchen Sie, jedes mit einem der folgenden Wörter zum Thema Wetter in Verbindung zu bringen.

1. güneşli
2. sisli
3. yağmurlu
4. rüzgarlı
5. karlı

Nicht nur zu Lande

Neben Zügen, Bussen und Sammeltaxis gibt es an vielen Orten entlang der Küste und speziell in Istanbul Fähren, die einzelne Stadtteile oder Inseln mit dem Festland verbinden. Im Volksmund nennt man diese Schiffe sehr sinnbildlich **deniz otobüsü** (Meerbus).

10 a Havaalanına hangi otobüs gidiyor?

Unterwegs

otobüs/şehirlerarası otobüs
Bus/Überlandbus
feribot/vapur
Fähre/Dampfschiff
araba vapuru
Autofähre
durak/istasyon
Haltestelle/Station
otobüs durağı
Bushaltestelle
otogar
Busbahnhof
havaalanı/havalimanı
Flughafen
liman/iskele
Hafen/Anlegeplatz
son durak
Endhaltestelle
Aktarma yapmalı mıyım?
Muss ich umsteigen?
Nerede aktarma yapmalıyım?
Wo muss ich umsteigen?
...-de aktarma yapmalısınız.
Sie müssen in ... umsteigen.
Hangi yöne?
In welche Richtung?
Ne zaman ...-(y)e varırız?
Wann sind wir in ...?
Lütfen bana haber verin!
Sagen Sie mir bitte Bescheid!

Fahrkarten

Bilet gişesi nerede?
Wo ist der Fahrkartenschalter?
Bir bilet lütfen!
Eine Fahrkarte, bitte!
Sadece gidiş için.
Nur für die Hinfahrt.
Günlük bilet var mı?
Gibt es ein Tagesticket?

CD 56 Hören Sie sich den folgenden Dialog an.

♦ Affedersiniz! Havaalanına hangi otobüs gidiyor?
● 79 (yetmiş dokuz) numara.
♦ Durak nerede?
● Karşıda.
♦ Peki, bilet nereden alabilirim?
● Bilet gişesinden. Gişe orada. Bakın!
♦ A evet. Teşekkür ederim.
...
♦ Havaalanına bir bilet lütfen!
● Buyurun ... 3 (üç) lira 50 (elli) kuruş!
♦ Aktarma yapmalı mıyım?
● Hayır. Son durak havaalanı.
♦ Teşekkürler.

»

Worauf es ankommt

Wie komme ich nach/zu ...? Man fragt am besten: (Buradan) ...-(y)e nasıl giderim? *(Wie komme ich [von hier] nach/zu ...?)* Außerdem: *Hangi otobüse binmeliyim? (Welchen Bus soll ich nehmen?)* und *Nerede inmeliyim? (Wo muss ich aussteigen?)*

Transportverbindungen Wichtige Sätze: *... numaraya binin! (Nehmen Sie die Nummer ...!), ... durağında inin! (Steigen Sie an der Haltestelle ... aus!), Orada ...-(y)e aktarma yapın! (Steigen Sie dort in ... um!), Üçüncü/dördüncü/... durak „Havaalanı“. (Die dritte/vierte/... Haltestelle ist „Flughafen“.)*

Ein bisschen Grammatik

Einen Aussagesatz kann man durch ein Fragewort in einen **Fragesatz** umwandeln. Das **Fragewort** steht vor dem Verb:

Otobüs gidiyor. (Der Bus fährt.) → Otobüs nereye gidiyor? (Wohin fährt der Bus?), Bilet alabilirim. (Ich kann ein Ticket kaufen.) → Bilet nereden alabilirim? (Wo kann ich ein Ticket kaufen), Ben inmeliyim. (Ich muss aussteigen.) → Ben nerede inmeliyim? (Wo muss ich aussteigen?)

1. Verständnis und Aussprache

1. Bir bilet lütfen.
2. Kent merkezine nasıl giderim?
3. Hangi otobüse binmeliyim?
4. On iki numaraya binin ve üçüncü durakta inin.
5. Merkezde inmek istiyorum. Lütfen bana haber verin!

CD 57 Die alte Story! Erst verstehen und dann ganz einfach nachsprechen, bitte!

2. Quo vadis?

*Buradan **havaalanına** nasıl giderim?*

1. havaalanı
2. liman
3. tren istasyonu
4. kent merkezi
5. hayvanat bahçesi
6. plaj
7. sinema
8. alışveriş merkezi

Wohin möchten Sie? Die Übersetzungen der neuen Wörter finden Sie im alphabetischen Wortschatz am Ende des Buches.

3. Was passt zueinander?

1. Bilet nereden alabilirim?
2. Nerede inmeliyim?
3. Aktarma yapmalı mıyım?
4. Bilet ücreti ne kadar?
5. Hangi hata binmeliyim?

a. Üç lira.
b. Hayır.
c. Son durakta.
d. Kırmızı hata.
e. Gişeden.

Ordnen Sie bitte zusammen mit Ihrem Nachbarn jedem Satz eine logische Antwort zu.
hat = (U-Bahn-)Linie

4. Was gehört wohin?

bilet – gidiyor – inin – ücreti – havaalanına

1. Bilet................. ne kadar?
2. Bir .... lütfen.
3. .... gitmek istiyorum.
4. Son durakta ....!
5. Hangi hat limana ....?

Vervollständigen Sie bitte die Sätze mit den angegebenen Wörtern. Gar nicht so schwierig, oder?

5. Fernweh

♦ Buradan … nasıl giderim?
● Kolay, … binin! …
♦ Tamam, teşekkürler.

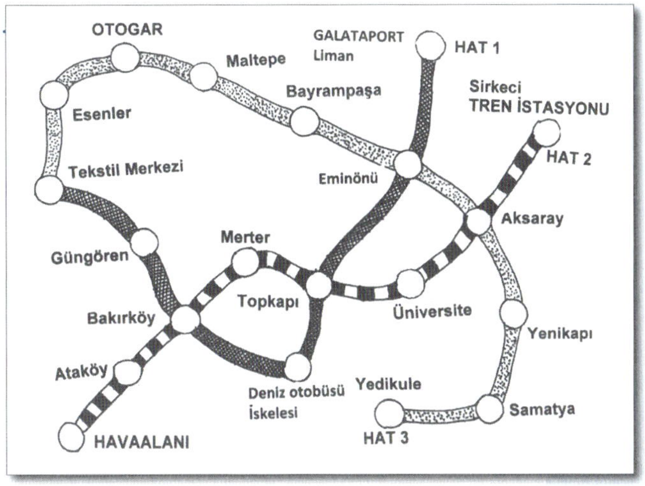

Nebenstehend finden Sie einen U-Bahn-Plan. Ausgangspunkt ist der Flughafen. Jeder fragt seinen Tischnachbarn, wie er zu einem bestimmten Ziel kommt, und lässt sich den Weg nach dem Musterdialog erklären.

10 b Yarın yağmur yağacak.

Hören Sie sich den folgenden Dialog an.

CD 58

♦ Taksi! … Boş musunuz?
● Evet, Buyurun! Nereye?
♦ Havaalanına lütfen!
…
● Nereye gideceksiniz?
♦ Frankfurt'a uçacağım.
● Alman mısınız?
♦ Evet, Frankfurtluyum.
● Türkiye nasıl? Beğendiniz mi?
♦ Evet, çok beğendim. Görülmeye değer çok şey var … hava güzel, deniz güzel, yemekler lezzetli …
● Bugün hava harika, ama yarın yağmur yağacak.
♦ Yani, tam zamanında gidiyorum.
● Evet … Peki Frankfurt'ta hava nasıl?
♦ Yarın güneşli olacak.
● Şanslısınız.
♦ Evet, öyle.

Worauf es ankommt

Mit dem Taxi Wichtige Sätze sind: *Boş musunuz? (Sind Sie frei?), Affedersiniz, …-(y)e gidiş ne kadar? (Verzeihung, was kostet es nach/zu …?)* Das gewünschte Fahrtziel gibt man am einfachsten so an: *Hasan Dede Sokak 5 numaraya lütfen! (Hasan-Dede-Straße 5, bitte.)* oder *Havaalanına lütfen! (Zum Flughafen, bitte!)*

Das Wetter Man sagt: *Hava çok sıcak/soğuk. (Es ist heiß/kalt.), Hava çok güzel/harika. (Das Wetter ist schön/großartig.), Hava kötü/berbat/korkunç. (Das Wetter ist schlecht/furchtbar/schrecklich.)* Außerdem: *bulutlu (bewölkt), güneşli (sonnig), sisli (neblig), rüzgarlı (windig)* und *yağmurlu (verregnet = es regnet), karlı (verschneit = es schneit)*

Ein bisschen Grammatik

Zukünftige Handlungen und Ereignisse werden durch die Zukunftsform des Verbs ausgedrückt. Bildung: Verbstamm + Zukunftsendung *-(y)ecek* + Personalendung.

Frankfurt'a gideceğim. (Ich werde nach Frankfurt fliegen.)
Yarın yağmur yağacak. (Es wird morgen regnen.)

Mit dem Taxi

Lütfen bana bir taksi çağırır mısınız?
Könnten Sie bitte ein Taxi rufen?

Alo, bana bir taksi lazım.
Hallo, ich brauche ein Taxi.

Havaalanına gitmek istiyorum.
Ich möchte zum Flughafen.

Ücreti ne kadar?
Wie viel macht das?

Üstü kalsın!
Stimmt so! (*wörtlich:* Behalten Sie das Wechselgeld!)

Small Talk

Hava harika değil mi?
Das Wetter ist traumhaft, nicht wahr?

Hava bügün ne sıcak/soğuk!
Wie heiß/kalt es heute ist!

Burada her zaman yağar mı?
Regnet es hier immer?

Yarın hava nasıl olacak?
Wie wird das Wetter morgen?

Sanırım … olacak
Ich denke, es wird … sein.

Bilmiyorum. Belki yağmur yağar.
Ich weiß nicht. Vielleicht regnet es.

Bugünden daha iyi/daha kötü olacak.
Es wird besser/schlechter sein als heute.

yani
das heißt

tam zamanında
rechtzeitig

Şanslısınız.
Sie haben Glück.

Widersprüchlich?

Das Präsens (Gegenwart) wird auch häufig mit Zeitangaben für die Zukunft gebraucht: Yarın nereye gidiyorsunuz? (Wohin fahren Sie morgen?)

1. Verständnis und Aussprache

1. Tren istasyonuna lütfen.
2. Tabii, buyurun! Bagajınızı verin lütfen.
3. Havaalanına gidiş ne kadar?
4. Bugün hava güzel, değil mi?
5. Ama, sanırım yarın kötü olacak.

CD 59 Alles verstanden? Dann sprechen Sie bitte einfach mal nach!
bagaj = Gepäck

2. Hören und verstehen

1. Claudia ... gitmek istiyor. — a. havaalanına / b. tren istasyonuna
2. Hava nasıl? — a. Güneşli. / b. Yağmurlu.
3. Nereye uçuyor? — a. Hamburg'a. / b. Stuttgart'a.

CD 60 Einfach den Dialog aufmerksam anhören, dann macht Ihnen das Ergänzen der Aussage bzw. das Beantworten der Fragen sicher keine Probleme.

3. Was passt zueinander?

1. Boş musunuz?
2. Nereye gitmek istiyorsunuz?
3. Almansınız, değil mi?
4. Nereye uçacaksınız?
5. Bilet ücreti ne kadar?

a. Hamburg'a.
b. Tabii, buyurun!
c. Üç (3) lira elli (50) kuruş.
e. Havaalanına.
f. Hayır, Avusturyalıyım.

Können Sie jedem Satz eine logische Antwort zuordnen? Wenn ja, dann spielen Sie die Minidialoge mit Ihrem Nachbarn durch.

4. Das liebe Wetter

1. es heute heiß ist.
2. es kalt ist und schneit.
3. das Wetter schön ist und es sonnig ist.
4. das Wetter schlecht ist und es neblig ist.
5. es bewölkt und windig ist.

Auch in der Türkei ist das Wetter ein beliebtes Gesprächsthema. Sagen Sie auf Türkisch, dass ...

5. Wetterfrösche vor!

- ● Bugün hava ... değil mi?
- ♦ Evet, ...!
- ● Acaba, yarın nasıl olacak?
- ♦ Sanırım ...
- ● Öyle mi?

Jeder Kursteilnehmer fragt seinen Tischnachbarn nach dem Wetter. Ganz leicht, ***değil mi?***
acaba = vielleicht, wohl, etwa

10 Das Wichtigste auf einen Blick

Fahrrad mieten CD 61

Bir bisiklet kiralamak istiyorum.
Ich würde gerne ein Fahrrad mieten.

Günlük/Haftalık fiyatı ne kadar?
Wie viel kostet das pro Tag/Woche?

Burada bisiklet yolu var mı?
Gibt es hier Radwege?

Celsius

Auch in der Türkei wird die Temperatur gewöhnlich in Grad (derece) Celsius angegeben:

Bugün hava kaç derece?
Wie viel Grad hat es heute?

Aşağı yukarı ... derece.
Es hat etwa ... Grad.

Hava bugün otuz (30) derece.
Heute hat es dreißig Grad.

Bus oder Boot

otobüs – şehirlerarası otobüs	Bus – Überlandbus
feribot – vapur	Fähre – Dampfschiff
araba vapuru	Autofähre
durak – istasyon	Haltestelle – Station
tren istasyonu	Bahnhof
liman – iskele	Hafen – Anlegeplatz
son durak	Endhaltestelle
Aktarma yapmalı mıyım?	Muss ich umsteigen?
Taksim'de aktarma yapmalısınız.	Sie müssen in Taksim umsteigen.
Hangi yöne?	In welche Richtung?
Burada inmek istiyorum.	Ich möchte hier aussteigen.
Oturmak ister misiniz?	Wollen Sie sich setzen?
Bu yer boş mu?	Ist dieser Platz frei?

Fahrkarten

... nereden alabilirim?	Wo kann ich ... kaufen?
bir gidiş bileti	einen Einzelfahrschein
bir günlük bilet	ein Tagesticket
bir haftalık/aylık bilet	eine Wochen-/Monatskarte

Im Taxi

taksi	Taxi
taksi şoförü	Taxifahrer
Lütfen bana bir taksi çağırır mısınız?	Könnten Sie bitte ein Taxi rufen?
Havaalanına gitmek istiyorum.	Ich möchte zum Flughafen fahren.
Burada bekler misiniz?	Können Sie hier warten?
Taksi ücreti ne kadar?	Wie viel macht das?

Vom Wetter

Bugün hava ne sıcak/soğuk!	Wie heiß/kalt es heute ist!
Acaba, yarın nasıl olacak?	Wie wird wohl das Wetter morgen?
Sanırım ... olacak.	Ich denke, es wird ... sein.
Bilmiyorum. Belki, güneşli.	Ich weiß nicht. Vielleicht sonnig.
Hava daha iyi/daha kötü olacak.	Es wird besser/schlechter sein.
Hava kötü/berbat/korkunç.	Das Wetter ist schlecht/furchtbar/schrecklich.
Bugün yağmurlu/karlı.	Heute regnet/schneit es.

Reiseerfahrungen

Hiç ...-(y)e gittiniz mi?	Waren Sie schon mal in ...?
Hayır, bu ilk defa.	Nein, es ist das erste Mal.

Biliyor musunuz?

In der Türkei gibt es in fast allen Städten Linienbusse für den öffentlichen Nahverkehr. Auch die Flughäfen sind mit diesen Linienbussen in der Regel zu erreichen. In einigen wenigen Städten existiert auch ein Straßenbahnnetz. In Ankara und Istanbul findet man ein modernes U-Bahn-System (*metro*), das sich allerdings noch in der Ausbauphase befindet. Oftmals gestaltet sich der Bau dieses unterirdischen Tunnelsystems schwierig, da man bei Bauarbeiten in diesen Städten, besonders in Istanbul, immer wieder auf Reste aus der Antike stößt.

Wetter, ein ständiges Thema

Besonders wenn man mit einem der vielen Überlandbusse unterwegs ist, wird man mit dem Thema „Wie wird das Wetter?" konfrontiert. Die klimatischen Unterschiede in der Türkei sind enorm, man spricht sogar von unterschiedlichen Klimazonen. In Ostanatolien gibt es heiße, trockene Sommer und eiskalte, sehr schneereiche Winter, die das Befahren vieler Straßen fast unmöglich machen. Viele Dörfer im Osten sind daher im Winter von der Außenwelt abgeschnitten. Im Norden an der Schwarzmeerküste ist das Klima ganzjährig feucht mit sehr hohen Niederschlagsmengen. Im Süden sind die Sommer extrem heiß, die Winter dagegen mild. Das angenehmste Klima jedoch findet man das ganze Jahr über in der Ägäis, wo immer ein frischer Wind weht.

10 Konya – Die Stadt der tanzenden Derwische

Görülmeye değer – Sehenswertes

Konya – in der Antike *Ikonien* genannt – liegt etwa 250 km südlich von *Ankara* in Mittelanatolien. Der Höhepunkt einer Besichtigung der Stadt ist zweifellos das Mausoleum des persischen Mystikers Mevlana, dem Begründer der Mevlevi-Bruderschaft. Heute befindet sich hier ein Museum und Wallfahrtsort der Sufi genannten Derwische, die im Tanz durch kreisende Bewegungen in Ekstase geraten. Jedes Jahr an seinem Todestag, dem 17. Dezember (1273), strömen Tausende Anhänger in das Mausoleum, um die Hochzeitsnacht-Zeremonie (*Şeb-i Arus*) zu besuchen, denn Mevlana hatte den Tod als „Hochzeit“ bezeichnet.

Yöresel tatlar – Regionale Spezialitäten

Konya bietet schmackhafte regionale Spezialitäten wie *etli ekmek*, ein etwa 50–100 cm langer, knuspriger Teigfladen, der, mit einer Mischung aus Hackfleisch, klein geschnittenen Tomaten, Spitzpaprika, gehackter Petersilie, Pfeffer und Salz bestrichen, im Steinofen gebacken wird. Dazu serviert man ganz schlicht einen gemischten Salat sowie etwas Zitrone. Ebenso bekannt ist das im Backofen gebackene Lammfleisch *fırın kebap*. *Ayran*, ein Erfrischungsgetränk auf der Basis von Joghurt, passt zu alledem perfekt.

Haydi gezmeye – Auf Entdeckung

Ein einmaliges Erlebnis ist eine Tour nach *Çatalhöyük*. Bei archäologischen Ausgrabungen wurden hier mehrere Siedlungsschichten entdeckt, wobei die früheste aus der Jungsteinzeit (7200 v. Chr.) stammt und damit wahrscheinlich zu den ersten Siedlungen der Menschheit gehört. Viele Grabungsfunde aus *Çatalhöyük* kann man auch im Archäologischen Museum in *Konya* besichtigen.

Einkaufen – Alışveriş II

Was Sie in dieser Lektion lernen:

- wie man auf dem Markt Obst und Gemüse kauft.
- wie man Kleidung kauft, sich nach der Größe erkundigt und fragt, ob man etwas anprobieren kann.

Bringen Sie Farbe in Ihr Türkisch!

Einen Spaziergang über einen bunten Markt sollte man sich auf einer Türkeireise keinesfalls entgehen lassen. Schauen Sie sich das Foto an. Welche der folgenden Farben erkennen Sie darauf?

1. beyaz	4. siyah
2. sarı	5. yeşil
3. mavi	6. kırmızı

Pazar

In türkischen Städten haben viele Viertel ihre eigenen Wochenmärkte, wo man von Obst und Gemüse über billige Kleidung und Schuhe bis hin zu allerlei Praktischem und reichlich Krimskrams so gut wie alles bekommt. Neben festen Ständen verkaufen hier auch immer viele ambulante Straßenhändler ihre Waren.

II a Bir kilo patates lütfen!

Auf dem Markt

... almak istiyorum.
Ich möchte ... kaufen.

elma/nar
Äpfel/Granatäpfel

şeftali/kayısı
Pfirsiche/Aprikosen

üzüm/çilek
Trauben/Erdbeeren

hurma/incir
Datteln/Feigen

portakal/muz
Orangen/Bananen

bir kavun
eine Honigmelone

bir karpuz
eine Wassermelone

patlıcan/biber
Auberginen/Paprika

hıyar/kabak
Gurken/Zucchini

Weitere Mengenangaben

bir paket jambon
ein Päckchen Schinken

bir kutu ton balığı
eine Dose Thunfisch

bir şişe su
eine Flasche Wasser

bir kavanoz reçel
ein Glas Marmelade

bir kap yoğurt
ein Becher Joghurt

Vergleich

... gibi
(ähnlich) wie ...

Bal gibi.
(Süß) wie Honig.

Buz gibi.
(Kalt) wie Eis.

Im Türkischen entspricht manchmal ein Hauptwort in der Einzahl einer Mehrzahl im Deutschen:
Elma almak istiyorum.
(Ich möchte Äpfel kaufen.)

CD 62 Hören Sie sich den folgenden Dialog an.

♦ Buyurun. Arzunuz?
● Bir kilo patates lütfen!
♦ Tamam. Başka?
● Bir yeşil salata, yarım kilo patlıcan, bir kilo elma, bir kilo muz ve biber.
♦ Kırmızı, yeşil veya sarı?
● Yeşil lütfen ... Kavun kaça?
♦ Tanesi 3 (üç) lira.
● İyi mi?
♦ Evet, çok iyi. Bal gibi. Kaç tane?
● Bir tane yeter.
♦ Başka bir arzunuz var mı?
● Hayır, hepsi bu kadar ... Toplam ne kadar?
♦ Toplam, 11 (on bir) lira.
● Buyurun.
♦ Teşekkür ederim. Güle güle! Yine bekleriz.

»

Worauf es ankommt

Mengenangaben Bir kilo patates *(ein Kilo Kartoffeln)*, yarım kilo domates *(ein halbes Kilo Tomaten)*, bir litre süt *(ein Liter Milch)*, yarım litre zeytinyağı *(ein halber Liter Olivenöl)*, bir parça peynir *(ein Stück Käse)*, bir dilim pasta *(ein Stück Kuchen)*.

Einkaufsvokabular Der Verkäufer fragt: Buyurun! Arzunuz? *(Bitte schön! Sie wünschen?)*, Başka? *(Was noch?)* oder Yeter mi? *(Reicht das?)* Als Antwort passen: Yeter. *(Das reicht.)*, Biraz daha/Bir iki tane daha. *(Etwas/Ein paar mehr.)* oder Biraz daha az. *(Etwas weniger.)* Andere wichtige Wendungen sind: Bu çok pahalı. *(Das ist zu teuer.)*, Hepsi bu kadar, teşekkür. *(Das ist alles, danke.)*, Yine bekleriz. *(Beehren Sie uns wieder.)*

Ein bisschen Grammatik

Kaç? ***(wie viel?)*** fragt nach der Anzahl: *Kaç tane? (Wie viel Stück?)* → *Bir tane. (Ein Stück.)*, *Kaç kilo? (Wie viel Kilo?)* → *Dört kilo. (Vier Kilo.)*
Kaça? ***(Zu wie viel?)*** fragt nach dem Preis: *Domates kaça? (Was kosten die Tomaten?)* → *Kilosu iki lira. (Das Kilo zwei Lira.)* Auch mit dem Fragewort *ne kadar?* kann man nach dem Preis fragen: *Domates ne kadar? (Wie viel kosten die Tomaten?)*

Übungen IIa

1. Verständnis und Aussprache

1. Bir kilo portakal lütfen.
2. Güle güle! Yine bekleriz.
3. Bir kilo şeftali ve iki kilo elma.
4. Tamam. Elmalar çok tatlı.
5. Başka bir arzunuz var mı?
6. Hayır, hepsi bu kadar.

CD 63 Sicher verstehen Sie diese Sätze, nicht wahr? Dann sprechen Sie sie bitte nach!

2. Topf und Deckel

1. Ne kadar istiyorsunuz?
   a. Bir kilo.
   b. Hoşca kalın.
2. Yeter mi?
   a. Kırmızı lütfen.
   b. Evet, yeter.
3. Toplam ne kadar?
   a. Çok pahalı!
   b. 12 (on iki) lira.

Hier passt nur eine Antwort zu einer Frage. Wissen Sie, welche? Gar nicht so schwierig, oder? Vor allem, wenn Sie die Übung zusammen mit Ihrem Nachbarn machen.

3. Kurz mal was einkaufen

***Bir kilo patates** lütfen.*

1. bir kilo – patates
2. bir litre – süt
3. yarım kilo – şeftali
4. iki kilo – elma
5. üç kilo – domates
6. iki yüz gram – peynir

Setzen Sie die Angaben 1–6 in den Beispielsatz ein und vergleichen Sie mit Ihrem Nachbarn. Die Ausdrücke ***gram*** (Gramm) und ***yarım kilo*** (halbes Kilo) machen Ihnen wohl keine Probleme, oder?

4. Bitte einsetzen

… lütfen!

1. bir dilim
2. bir şişe
3. bir kutu
4. bir kap
5. bir paket
6. bir kavanoz

a. su
b. jambon
c. reçel
d. ton balığı
e. pasta
f. yoğurt

Setzen Sie die Mengenangaben und die dazugehörigen Lebensmittel in den Beispielsatz ein. Nur eine Kombination macht jeweils Sinn.

5. Einfach mal nachspielen

● Buyurun. Arzunuz?
♦ … kilo … lütfen?
● Başka?
♦ … var mı?
● Tabii. Ne kadar istiyorsunuz?
…

Spielen Sie mit Ihrem Tischnachbarn den A-Dialog nach und verwenden Sie die Ihnen bekannten Wendungen.

IIb Size çok yakışıyor

CD 64 **Hören Sie sich den folgenden Dialog an.**

♦ İyi günler. Size yardım edebilir miyim?
● Evet, şu elbiseyi deneyebilir miyim?
♦ Kırmızı elbiseyi mi?
● Evet.
♦ Bedeniniz kaç?
● Bedenim 36 (otuz altı).
♦ Buyurun. Soyunma kabinleri şurada.
...
♦ Beğendiniz mi?
● Bilmiyorum. Çok dar galiba?
♦ Hayır, çok dar değil. Tam size göre.
● Gerçekten?
♦ Evet, size çok yakışıyor.
● Bir çift de ayakkabı almak istiyorum.
♦ Tabii, ayakkabı numaranız kaç?
● 38 (otuz sekiz).
♦ Bir dakika lütfen. Hemen geliyorum ...

»

Worauf es ankommt

Haben Sie ...? Man fragt: ... *beden var mı?* (*Haben Sie das in Größe ...?*) oder, falls man bereits weiß, was man möchte: *Bunu denemek istiyorum.* (*Ich möchte gerne diese/n/s anprobieren.*)

Größe Man wird meist gefragt: *Bedeniniz kaç?* (*Welche Größe haben Sie?*) Die Antwort lautet z. B.: *Bedenim 38/40.* (*Ich habe Größe 38/40.*) Passt etwas nicht, fragt man: *Daha büyük/küçük beden yok mu?* (*Gibt es keine größere/kleinere Größe?*) Weitere Wendungen: *Tam size göre.* (*So passt es Ihnen gut.*), *Ayakkabı numaranız kaç?* (*Welche Schuhgröße haben Sie?*)

Ein bisschen Grammatik

Können wird durch eine Zusammensetzung von Verben mit dem Verb *bilmek* (*wissen*) ausgedrückt. Bildung: Verbstamm + Suffix *-(y)e* + Verb

bilmek: *denemek* (*anprobieren*) → *deneyebilmek* (*anprobieren können*), *yardim etmek* (*helfen*) → *yardım edebilmek* (*helfen können*). Beispiel: *Size yardım edebilir miyim?* (*Kann ich Ihnen helfen?*)

Kleidungsstücke

pantolon
Hose
blucin
Jeans
ceket
Jacke/Sakko
gömlek
Hemd
bluz
Bluse
kazak
Pullover
çorap (bir çift ...)
Socken (ein Paar ...)
ayakkabı (bir çift ...)
Schuhe (ein Paar ...)
kaşkol/şal
Schal
eldiven
Handschuhe
tişört
T-Shirt
etek/eteklik
Rock
elbise
Kleid

Im Laden

Size yardım edebilir miyim?
Kann ich Ihnen helfen?
Teşekkür, sadece bakıyorum.
Ich schaue nur, danke.
Soyunma kabinleri nerede?
Wo sind die Umkleidekabinen?
Beğendiniz mi?
Gefällt es Ihnen?
Size çok yakışıyor.
Es steht Ihnen sehr gut.
beden
Größe (*bei Kleidung*)
(ayakkabı) numara
Größe (*bei Schuhen*)
Bu çok büyük/küçük/bol/dar.
Es ist sehr groß/klein/weit/eng.

Übungen IIb

1. Verständnis und Aussprache

1. Bu elbiseyi denemek istiyorum.
2. Tabii. Bedeniniz kaç?
3. 39 (otuz dokuz).
4. Soyunma kabinleri nerede?
5. Bu pantolon çok bol.
6. Size çok yakışıyor.

CD 65 Verstehen Sie diese Sätze? Dann bitte wie üblich nachsprechen!

2. Passende Formulierungen

1. sagen, dass man eine Hose sehen möchte
2. fragen, ob es etwas auch in einer bestimmten Größe gibt
3. sagen, dass man etwas anprobieren möchte
4. fragen, ob es etwas auch größer oder kleiner gibt
5. sagen, dass etwas zu eng oder zu weit ist

Lesen Sie die vorherige Seite noch einmal aufmerksam und finden Sie die passenden Formulierungen für die folgenden Situationen.

3. Bitte einsetzen

hemen – beden – gelebilirim – nerede – yakışıyor – deneyebilir

1. Bu elbiseyi .... miyim?
2. Ne zaman ....?
3. Size çok ....
4. 40 (kırk) .... var mı?
5. Soyunma kabinleri ....?
6. .... geliyorum.

Setzen Sie bitte die fehlenden Wörter in die Beispielsätze 1–6 ein. Verstehen Sie auch alles?

4. Hören und verstehen

1. Cem … denemek istiyor.
   a. bir ceket
   b. bir tişört
2. Hangi renk?
   a. Yeşil.
   b. Sarı.
3. Cem'in bedeni kaç?
   a. 50 (elli).
   b. 52 (elli iki).
4. Ceket çok …
   a. bol
   b. dar

CD 66 Hören Sie sich den Dialog auf der CD an und ergänzen Sie die Aussagen bzw. beantworten Sie die Fragen.
renk = Farbe

5. Einfach nur improvisieren

● Merhaba, size yardım edebilir miyim?
♦ Evet. Şu … denemek istiyorum.
● Bedeniniz kaç?
♦ …
● Beğendiniz mi?
♦ İyi, ama biraz …

Spielen Sie den Dialog B nach und improvisieren Sie mit den Ihnen bekannten Wendungen.

II Das Wichtigste auf einen Blick

Allgemeines CD 67

Arzunuz?	Sie wünschen?
Yine bekleriz!	Beehren Sie uns wieder!
Bilmiyorum.	Ich weiß (es) nicht.
Gerçekten?	Wirklich?/Echt?

Farben

kırmızı	rot
yeşil	grün
sarı	gelb
turuncu	orange
mavi	blau
açık mavi	hellblau
koyu mavi	dunkelblau
kahverengi	braun
beyaz/ak	weiß
siyah/kara	schwarz
gri	grau
leylak rengi	lila

Auf dem Markt

... almak istiyorum.	Ich möchte ... kaufen.
... kaça?	Zu wie viel ...?/Was kostet ...?
Kilosu 3 (üç) lira.	Drei Lira das Kilo.
Bu çok pahalı.	Das ist zu teuer.
Böyle tamam mı?	Ist das recht so?
Yeter mi?	Reicht das?
Yeter.	Das reicht.
Biraz/Birkaç tane daha.	Etwas/Ein paar mehr.
Biraz daha az.	Etwas weniger.
Bu çok pahalı.	Das ist zu teuer.
Başka bir şey?	Darf's sonst noch etwas sein?
Hayır, hepsi bu kadar.	Nein, das ist alles.

Im Laden

Size yardım edebilir miyim?	Kann ich Ihnen helfen?
Sadece bakıyorum.	Ich schaue nur.
... var mı?	Haben Sie ...?
Bunu deneyebilir miyim?	Kann ich es anprobieren?
... denemek istiyorum.	Ich möchte gerne ... anprobieren.
Bedeniniz kaç?	Welche Größe haben Sie?
Bedenim ...	Ich habe ...
Ayakkabı numaranız kaç?	Welche Schuhgröße haben Sie?
Soyunma kabinleri nerede?	Wo sind die Umkleidekabinen?
Biraz/Çok ...	Es ist etwas/zu ...
dar – bol	eng – weit
uzun – kısa	lang – kurz
büyük – küçük	groß – klein
Beğendiniz mi?	Gefällt es Ihnen?
Size çok yakışıyor.	Es steht Ihnen sehr gut.
Tam size göre.	So passt es Ihnen gut.

In der Buchhandlung

Almanca ... var mı?	Gibt es ... auf Deutsch?
kitap	Bücher
dergi	Zeitschriften
gazete	Zeitungen
... arıyorum.	Ich suche ...
bir yemek kitabı	ein Kochbuch
bir polisiye roman	einen Krimi
bir aşk romanı	einen Liebesroman
bir seyahat rehberi	einen Reiseführer
bir gezi haritası	eine Wanderkarte
... üzerine bir kitap	ein Buch über ...

Biliyor musunuz?

Auch in der Türkei wird das metrische System benutzt. Die gebräuchlichsten Maßeinheiten sind: *kilo – kg* (Kilo), *gram – gr* (Gramm), *litre – lt* (Liter), *metre – m* (Meter), *santim/santimetre – cm* (Zentimeter), *kilometre – km* (Kilometer). Auch beim Kleider- und Schuhekaufen gibt es keine Probleme, da die gleichen Konfektions- und Schuhgrößen wie in Deutschland, der Schweiz und Österreich benutzt werden. Neben den klassischen Größen sind auch in der Türkei speziell bei Sportbekleidung die amerikanischen Größen S–XL verbreitet.

Einkaufen – alışveriş

Die Türkei ist ein Einkaufsparadies. Ob auf einem orientalischen Basar (*çarşı*), einem Wochenmarkt (*pazar*) oder in einer mondän gestylten Shopping-Mall, Schnäppchenjäger und Hardcoreshopper kommen zwischen *Edirne* und *Erzurum* sicherlich auf ihre Kosten. Einkaufen ist für Türken übrigens ein regelrechter Sport und hat einen großen Unterhaltungswert. Die Einheimischen nehmen sich stets viel Zeit, um die Waren zu begutachten und vor allem um die Preise zu vergleichen bzw. zu handeln – wenn auch diese typisch morgenländische Tradition heute immer unüblicher wird. Ein auffälliger Unterschied zu Mitteleuropa ist, dass in der Türkei ein sehr hohes Dienstleistungsbewusstsein herrscht und sich wirklich alles um die Zufriedenheit des Kunden dreht.

Einige typische Geschäfte und Händler

fırın	Bäckerei
kasap dükkanı	Metzgerei
manav dükkanı	Obst- und Gemüsegeschäft
bakkal	Lebensmittelgeschäft
büfe	Tabak- und Zeitungskiosk
tütüncü dükkanı	Tabakladen
süpermarket	Supermarkt
halıcı	Teppichhändler
kuruyemişçi	Dörrobsthändler
bakırcı	Kupferwarenhändler

II Pamukkale – Ein Wunder der Natur

Görülmeye değer – Sehenswertes

Das Städtchen *Pamukkale* liegt in Südwestanatolien in der Provinz *Denizli*. Die gleichnamigen Kalksinterterrassen, die in unmittelbarer Nähe von *Pamukkale* liegen, wirken von weitem wie ein weißes Wolkengebirge oder eine schneebedeckte Festung. *Pamukkale* – auf Deutsch „Baumwollburg" – besteht aus weißen Kalkablagerungen, die von heißen Thermalquellen stammen. Über eine Million Touristen kommen jedes Jahr hierher, um dieses Naturwunder zu bestaunen und in den natürlichen Becken zu entspannen.

Yöresel tatlar – Regionale Spezialitäten

Die Region um *Pamukkale* ist für ihre hervorragenden Weine bekannt, doch auch die lokale Küche lohnt, probiert zu werden. Versuchen Sie traditionell zubereitete Brühen wie Augenbohnen-Suppe (*börülce çorbası*), Gemüsesuppe mit Mehl und Joghurt (*tarhana çorbası*) oder Fleischsuppe (*arabaşı*), herzhafte Fleischgerichte wie Schmorfleisch (*tas kapama*), Ofenfleisch (*tandır*) oder *Pamukkale kebap*, aber auch verschiedene Gemüsegerichte wie gefüllte Auberginen und Okraschoten sowie den äußerst schmackhaften Malvensalat (*ebegümeci salatası*).

Haydi gezmeye – Auf Entdeckung

Die antike Stadt *Hierapolis*, die an den Thermalquellen gegründet wurde, zeugt noch heute von ihrer einstigen Pracht. Die Überreste des Amphitheaters, der Agora, der Stadtmauer sowie des Badehauses können hier besichtigt werden. Die Thermalquellen waren bereits zur Zeit der Griechen und Römer als Heilquellen bekannt und man kann noch heute vor dieser historischen Kulisse ein Bad nehmen.

Gesundheit – Sağlık 12

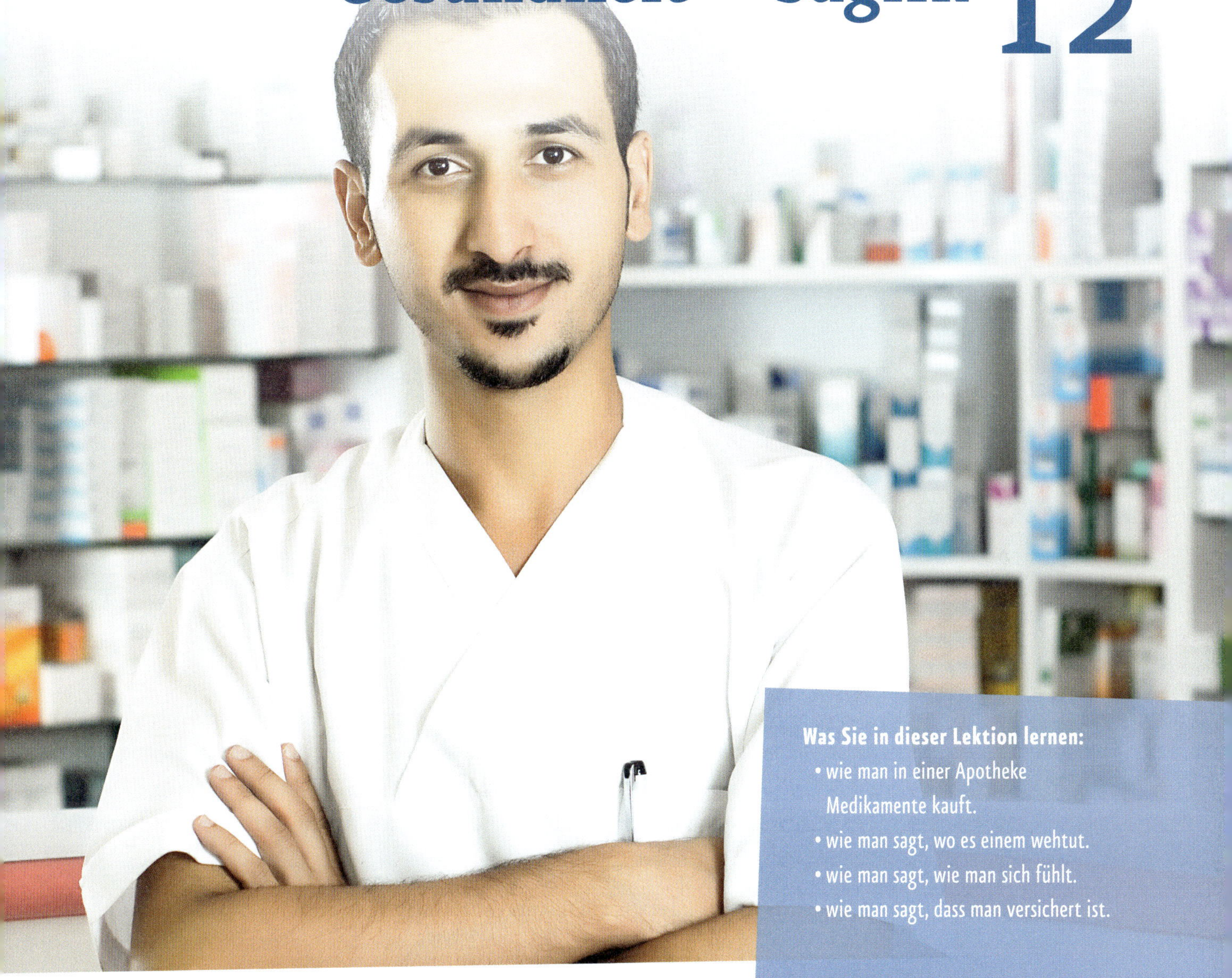

Was Sie in dieser Lektion lernen:

- wie man in einer Apotheke Medikamente kauft.
- wie man sagt, wo es einem wehtut.
- wie man sagt, wie man sich fühlt.
- wie man sagt, dass man versichert ist.

Wo drückt's denn?

Wer Schmerzen hat, sollte in der Lage sein zu beschreiben, wo es genau wehtut. Sehen Sie sich die folgenden Wörter an und ordnen Sie sie ihren deutschen Entsprechungen zu.

1. baş	5. el
2. ayak	6. karın
3. bacak	7. göğüs
4. kol	8. sırt

a. der Arm, b. der Bauch, c. das Bein, d. die Brust, e. der Fuß, f. die Hand, g. der Kopf, h. der Rücken

Gesundheitssystem

Es wird in der Türkei durch das Gesundheitsministerium **(Sağlık Bakanlığı)** organisiert und bietet allen im Land gemeldeten Bürgern medizinische Leistungen in staatlichen Krankenhäusern, und zwar in der Regel kostenlos. Für Touristen sind sie hingegen kostenpflichtig. Daneben gibt es private Kliniken, in denen die Standards oftmals besser, die Behandlung dafür aber auch deutlich teurer ist.

12 a Herhalde grip oldunuz.

Was fehlt Ihnen?

Neyiniz var?
Was fehlt Ihnen?

Çok hastayım.
Ich bin sehr krank.

Neresi ağrıyor?
Wo tut es weh?

Buram ağrıyor.
Hier tut es mir weh.

... ağrıyor.
... tut weh.

dişim
mein Zahn

başım
mein Kopf

karnım
mein Bauch

sırtım
mein Rücken

boğazım
mein Hals

göğsüm
meine Brust

Nezle oldum.
Ich habe Schnupfen.

Grip oldum.
Ich habe Grippe.

İshal oldum.
Ich habe Durchfall.

Ateşim var.
Ich habe Fieber.

Çok kötü üşüttüm.
Ich bin stark erkältet.

Alerjim var.
Ich habe eine Allergie.

Yüksek/düşük tansiyonum var.
Ich habe hohen/niedrigen Blutdruck

Başım dönüyor.
Mir ist schwindlig.

CD 68 Hören Sie sich den folgenden Dialog an.

- ♦ İyi günler. Size nasıl yardım edebilirim?
- ● Çok hastayım.
- ♦ Neyiniz var?
- ● Çok kötü üşüttüm. Ateşim var, başım ve boğazım ağrıyor.
- ♦ Ne zamandan beri?
- ● İki günden beri.
- ♦ Herhalde grip oldunuz. Size bir antibiyotik veriyorum.
- ● Hapları ne zaman almalıyım?
- ♦ Günde üç defa bir tane alın. Ayrıca dinlenmelisiniz ve bol çay içmelisiniz.
- ● Toplam ne kadar?
- ♦ 36 (otuz altı) lira 50 (elli) kuruş.
- ● Buyurun. Hoşça kalın!
- ♦ Güle güle. Geçmiş olsun.

»

Worauf es ankommt

Welche Symptome? Man sagt: ...-(i)m *ağrıyor. (Mein/e... tut mir weh.)*, z. B. in Kombination mit *başım (mein Kopf)*, *göğsüm (meine Brust)*, *sırtım (mein Rücken)*, *kolum (mein Arm)*, *dizim (mein Knie)*, *ayağım (mein Fuß)*, *ayak bileği (mein Knöchel)* oder einfach *Burası ağrıyor. (Es tut hier weh.)*

Der Apotheker sagt *Herhalde grip oldunuz. (Sie haben wohl eine Grippe.)* Anleitungen zur Einnahme von Tabletten: *Günde ... defa bir tane alın. (Nehmen Sie eine ... Mal am Tag.)*, *yemekten önce (vor dem Essen)* oder *yemekten sonra (nach dem Essen)*.

Ein bisschen Grammatik

Wahrscheinlichkeit wird mit *herhalde (wahrscheinlich/wohl)* oder *belki (vielleicht/möglicherweise)* ausgedrückt: *Herhalde grip oldunuz. (Sie haben wahrscheinlich/wohl eine Grippe.)*, *Belki alerjiniz var. (Sie haben vielleicht eine Allergie.)*

Das Verb **etmek** ***(machen, tun)*** kann in Verbindung mit anderen Wörtern zusammengesetzte Verben bilden: *yardım etmek (helfen)*, *teşekkür etmek (danken)*, *telefon etmek (telefonieren)*.

1. Verständnis und Aussprache

1. Çok kötü üşüttüm.
2. Neyiniz var?
3. Sırtım ve karnım ağrıyor.
4. Göğsünüz de ağrıyor mu?
5. Herhalde grip oldunuz.
6. Bol çay içmelisiniz.

CD 69 Lesen und hören Sie die nebenstehenden Sätze und sprechen Sie sie bitte nach!
bol = reichlich, reichhaltig

2. Bitte vervollständigen

ayrıca – var – edebilirim – ağrı kesici – ağrıyor – üşüttüm

1. İyi günler, size nasıl yardım ....?
2. Çok kötü.......................
3. Neyiniz ....?
4. Dişim ....
5. Size bir .... yazıyorum.
6. .... dinlenmelisiniz.

Können Sie diesen Dialog vervollständigen? Die fehlenden Wörter stehen oben. Danach lesen Sie den Dialog zusammen mit Ihrem Tischnachbarn vor.

3. Bitte alle Wehwehchen aufzählen

*Neyiniz var? – **Başım** ağrıyor.*

1. baş
2. göğüs
3. sırt
4. kol
5. diz
6. ayak

Setzen Sie die Wörter 1–6 ein und spielen Sie in Zweiergruppen den Musterdialog durch.

4. Passende Formulierungen

1. sagen, dass einem schwindlig ist
2. fragen, welche Beschwerden jemand hat
3. sagen, dass sich jemand ausruhen soll
4. fragen, ob man jemandem helfen kann
5. sagen, dass man etwas drei Mal täglich nehmen soll

Lesen Sie die vorherige Seite noch einmal und finden Sie die passenden Formulierungen für die folgenden Situationen.

5. Das wird schon wieder!

- ● Neyiniz var?
- ♦ … ağrıyor.
- ● Size … veriyorum. Günde … defa, yemekten …
- ♦ Teşekkür ederim.
- ● Bir şey değil. Geçmiş olsun.

Fragen Sie Ihre Kurskollegen nach deren (erfundenen) Beschwerden und empfehlen Sie auch gleich ein Medikament – eine Liste dazu finden Sie auf Seite 102.

12b Kendimi iyi hissetmiyorum.

CD 70 **Hören Sie sich den folgenden Dialog an.**

Beim Arzt

hastane
Krankenhaus

doktor
Arzt/Ärztin

diş doktoru
Zahnarzt/-ärztin

kadın doktoru
Frauenarzt/-ärztin

cilt doktoru
Hautarzt/-ärztin

hasta bakıcı/hemşire
Krankenpfleger/-schwester

Size bir reçete yazıyorum.
Ich verschreibe Ihnen ein Rezept.

Size hap yazıyorum.
Ich verschreibe Ihnen Tabletten.

Ciddi bir şey mi?
Ist es etwas Ernstes?

Ciddi bir şey değil.
Es ist nichts Ernstes.

Hafif bir zehirlenme.
Eine leichte Lebensmittelvergiftung.

Beschwerden & Behandlung

Midem bulanıyor.
Mir ist übel.

Midem bozuldu.
Ich habe mir den Magen verdorben.

Kustum.
Ich habe mich übergeben.

... lazım
Es ist notwendig ... zu ...

sarmak/pansuman yapmak
verbinden

ameliyat etmek
operieren

muayene etmek
untersuchen

♦ Buyurun. Size nasıl yardımcı olabilirim?
● Kendimi iyi hissetmiyorum.
♦ Ne şikayetiniz var?
● Karnım ağrıyor, başım dönüyor.
♦ Mideniz bulanıyor mu?
● Evet ...
♦ Dün akşam ne yediniz?
● Balık, bir de salata.
♦ Hım. Galiba hafif bir zehirlenme. Merak etmeyin. Ciddi bir şey değil. Bol su içmelisiniz. Size bir reçete yazıyorum. İlaç eczanede var.
● Tamam Doktor Bey. Ne zaman yemek yiyebilirim?
♦ Yarın. Tabii hafif yemekler yemelisiniz.
● Çok teşekkür ederim.
♦ Bir şey değil. Geçmiş olsun.

»

Worauf es ankommt

Der Arzt fragt *Size nasıl yardımcı olabilirim? (Wie kann ich Ihnen behilflich sein?), Ne şikayetiniz var? (Was haben Sie für Beschwerden?), Kendinizi nasıl hissediyorsunuz? (Wie fühlen Sie sich?), Ne yediniz? (Was haben Sie gegessen?)* oder *Nasıl oldu? (Wie ist es/das passiert?)*

Der Arzt rät *Hafif yemekler yemelisiniz. (Sie müssen leichte Gerichte essen.), Dinlenmelisiniz. (Sie müssen sich ausruhen.), Uyumalısınız. (Sie müssen schlafen.), Bol su içmelisiniz. (Sie müssen viel Wasser trinken.)*

Ein bisschen Grammatik

Bei einigen zweisilbigen Substantiven fällt der Vokal in der zweiten Silbe weg, wenn ein mit Vokal beginnendes Suffix angehängt wird: *karın (Bauch)* + Suffix *-im* → *karnım (mein Bauch)* oder *oğul (Sohn)* → *oğlum (mein Sohn).*

Das Pronomen *kendi (selber/selbst)* + **Possessivsuffix** drückt ein rückbezügliches Verhältnis aus: *kendim (ich selbst), kendin (du selbst), kendisi (er/sie/es selbst), ... Kendimi iyi hissetmiyorum. (Ich fühle mich nicht gut.), Kendine iyi bak! (Pass auf dich auf!)*

1. Verständnis und Aussprache

1. Size nasıl yardımcı olabilirim?
2. Kendinizi nasıl hissediyorsunuz?
3. Ne şikayetiniz var?
4. Nasıl oldu?
5. Ciddi bir şey değil.

CD 71 Haben Sie den Dialog verstanden? Dann macht es sicher keine Probleme, diese Sätze nachzusprechen, oder?

2. Bitte einsetzen

hissediyorum – yemelisiniz – yazıyorum – değil – ağrıyor

1. Bir reçete ....
2. Karnım ....
3. Hafif yemekler ....
4. Ciddi bir şey ....
5. Kendimi iyi ....

Bitte setzen Sie die fehlenden Wörter in die Sätze ein.

3. Hören und verstehen

1. Fatma'nın … ağrıyor.
   a. karnı
   b. boğazı
2. Midesi bulanıyor mu?
   a. Evet bulanıyor.
   b. Hayır, bulanmıyor.
3. Fatma dün ne yedi?
   a. Kebap.
   b. Salata.
4. Fatma ne yapmalı?
   a. Dinlenmeli.
   b. Uyumalı.

CD 72 Bitte achten Sie in diesem Hörtext erneut genau auf alle Informationen und ergänzen Sie die Aussage bzw. beantworten Sie die Fragen.

4. Bitte zuordnen

1. Neyiniz var?
2. Neresi ağrıyor?
3. Ne yediniz?
4. Başınız dönüyor mu?
5. Ciddi bir şey mi?

a. Buram ağrıyor.
b. Evet, çok.
c. Hayır, ciddi bir şey değil.
d. Çok hastayım.
e. Salata yedim.

Ordnen Sie jeder Frage eine logische Antwort zu. Spielen Sie dann die Minidialoge mit Ihrem Nachbarn durch.

5. Gespräche erarbeiten

● Kendimi iyi hissetmiyorum.
♦ Ne şikayetiniz var?
● … ağrıyor.
♦ Ne zamandan beri?
● … günden beri.
♦ Ciddi bir şey değil. Size … yazıyorum.
● Teşekkürler, Doktor Bey!

Bilden Sie mit Ihrem Tischnachbarn Dialoge zu den folgenden Themen nach dem Muster:
1. mein Rücken
2. meine Brust
3. mein Kopf
4. mein Bauch

12 Das Wichtigste auf einen Blick

Andere Probleme (CD 73)

Beni güneş çarptı.
Ich habe einen Sonnenstich.

Beni ... soktu.
Mich hat ... gestochen.

yabanarısı
eine Wespe

böcek
ein Insekt

Beni ... ısırdı.
Mich hat ... gebissen.

köpek
ein Hund

sivrisinek
eine Stechmücke

yılan
eine Schlange

Düştüm.
Ich bin gefallen.

Elimi yaktım.
Ich habe mir meine Hand verbrannt.

Hazımsızlık çekiyorum.
Ich habe Verdauungsstörungen.

Beim Arzt

Neresi/Nereniz ağrıyor?	Wo tut es (Ihnen) weh?
Buram ağrıyor.	Hier tut es mir weh.
Neyiniz var?	Was fehlt Ihnen?
Ne şikayetiniz var?	Was haben Sie für Beschwerden?
Kendinizi nasıl hissediyorsunuz?	Wie fühlen Sie sich?
Çok hastayım.	Ich bin sehr krank.
... ağrıyor.	... tut weh.
dişim	mein Zahn
başım	mein Kopf
karnım	mein Bauch
sırtım	mein Rücken
boğazım	mein Hals
Nezle oldum.	Ich habe Schnupfen.
Grip oldum.	Ich habe Grippe.
Üşüttüm.	Ich bin erkältet.
Ateşim var.	Ich habe Fieber.
İshal oldum.	Ich habe Durchfall.
Alerjim var.	Ich habe eine Allergie.
Yüksek/Düşük tansiyonum var.	Ich habe hohen/niedrigen Blutdruck.
Midem bulanıyor.	Mir ist übel.
Midem bozuldu.	Ich habe mir den Magen verdorben.
Başım dönüyor.	Mir ist schwindlig.
Kustum.	Ich habe mich übergeben.
Ciddi bir şey.	Es ist etwas Ernstes.
Ciddi bir şey değil.	Es ist nichts Ernstes.
Size bir reçete yazıyorum.	Ich verschreibe Ihnen ein Rezept.
Size hap yazıyorum.	Ich verschreibe Ihnen Tabletten.
Geçmiş olsun!	Gute Besserung!

In der Apotheke

eczane	Apotheke
Reçeteniz var mı?	Haben Sie ein Rezept?
Bana ... lazım.	Ich brauche ...
aspirin®	Aspirin®
uyku ilacı	Schlafmittel
antibiyotik	Antibiotika
yatıştırıcı ilaç/sinir ilacı	Beruhigungsmittel
öksürük şurubu	Hustensaft
ağrı kesici	Schmerzmittel
güneş kremi	Sonnenschutzcreme
el kremi	Handcreme

Biliyor musunuz?
Krank im Urlaub? Sie brauchen in der Türkei einen Auslandskrankenschein, den Ihnen Ihre Krankenversicherung in Deutschland ausstellt. Wer noch besser geschützt sein möchte, dem sei eine zusätzliche, zeitbegrenzte Auslandskrankenversicherung empfohlen. Die Türkei verfügt zumindest in den touristisch relevanten Gegenden über eine gute ärztliche Versorgung, allerdings gilt dies nicht unbedingt für viele ländliche Gebiete. Üblich ist es für Touristen, den Arzt für dessen Leistungen in bar zu bezahlen. Das gilt auch für die Medikamente, die verschrieben werden.

Wohin im Notfall?
In türkischen Apotheken – *eczane* – erhält man viele Medikamente ohne Rezept, das gilt z. B. auch für Antibiotika. Doch aus diesem Grund bieten die Apotheken eine ausführlichere Beratung an, als das hierzulande der Fall ist. Bei kleineren Verletzungen begibt man sich am besten in die Erste-Hilfe-Station (*ilk yardım*) eines Krankenhauses oder Ärztezentrums. Wird man stationär aufgenommen, muss man damit rechnen, zunächst eine Kaution zu hinterlegen.

Das Hamam – Entspannung pur
Ein Hamam ist ein öffentliches Dampfbad, das auch als traditionelles türkisches Bad bekannt ist. Meist handelt es sich um einen hohen Kuppelraum. In der Mitte befindet sich ein runder, warmer Liegeplatz aus Marmor (*göbek taşı*), der zum Schwitzen einlädt. An den Wänden gibt es Waschbecken mit warmem und kaltem Wasser. Hamams werden in der Regel nach Geschlechtern getrennt benutzt. Der Besucher legt ein spezielles Badetuch (*peştemal*) als Lendenschurz an. Man wäscht sich selbst oder lässt sich von einem Bademeister-Masseur (*tellak*) waschen. Gegen Aufpreis werden Seifenschaum-Massagen und Peelings (*kese*) angeboten. Bei dieser Prozedur wird die Haut durch Reiben mit einer *kese* (Handschuh aus Wildseide oder Ziegenfell) tief gereinigt. Nach einem warmen Dampfbad folgt eine Phase der Erholung und Entspannung in einem kühleren Raum. Ein Dampfbad ist ein Fest für den Körper. Die traditionelle Hamam-Kultur ist rückläufig, da jede Neubauwohnung heutzutage über ein Badezimmer (*banyo*) verfügt. Trotzdem findet man Hamams immer noch in vielen türkischen Städten, aber nicht mehr in jedem Stadtteil.

12 Fethiye – Entspannung am stillen Meer

Görülmeye değer – Sehenswertes

Fethiye mit seinen prächtigen, türkisfarbenen Buchten, den kilometerlangen Stränden und einer Reihe von antiken Ruinen ist einer der schönsten Orte an der türkischen Mittelmeerküste. Die 14 km südlich gelegene Bucht von *Ölüdeniz* mit ihrem absolut stillen Wasser – *Ölüdeniz* heißt „totes Meer" – bietet Entspannung pur. Nur eine Autostunde von *Fethiye* befindet sich der Berg *Babadağ* (1950 m), ein Zentrum für die Freunde des Paragliding. Alleine die Aussicht auf die vorgelagerte Küste ist von hier oben unbeschreiblich schön.

Yöresel tatlar – Regionale Spezialitäten

Regionale Spezialitäten sind verschiedene Fischgerichte, die auf mediterrane Art zubereitet werden. Dazu gehört die intensive Verwendung verschiedener Kräuter, wie Ampfer, Wildlauch, Malve, Huflattich und Rettichkraut. Hat das Ihren Appetit angeregt? Dann spazieren Sie doch mal über den *Balık Pazarı* (Fischmarkt) im Stadtzentrum von *Fethiye*. Die hier gekauften Fische können Sie in den umliegenden Restaurants gegen einen geringen Obolus zubereiten lassen, eine Mahlzeit der besonderen Art.

Haydi gezmeye – Auf Entdeckung

Die bis 1922/23 von Griechen bewohnte Siedlung *Levissi* – heute *Kayaköy* genannt –, die an einem steilen Berghang innerhalb eines felsigen Gebirgstals errichtet wurde, liegt auf halber Strecke zwischen *Fethiye* und *Ölüdeniz*. In der Umgebung gibt es zahlreiche pittoreske Wanderwege hinunter zur Küste mit einem schönen Ausblick auf *Ölüdeniz*.

Test 2

1. Welche Antwort stimmt?

Können Sie sich noch an alle Informationen zur Landeskunde erinnern? Na dann macht Ihnen dieser Test sicher keine Probleme.

1. *Das berühmte* İskender kebap *kommt aus ...*
a. Pamukkale
b. İskenderun
c. Bursa

2. *Beim* büfe *bekommt man ...*
a. Presse, Rauchwaren und Snacks
b. Gasflaschen für die Küche
c. Bücher, Stadtpläne und Landkarten

3. *Als* pazar *bezeichnet man in der Türkei ...*
a. die 1. Klasse in Zügen
b. die wöchentlichen Märkte
c. das Badetuch in einem Dampfbad

4. *Türken melden sich am Telefon mit ...*
a. dem Nachnamen
b. Efendim!
c. Merhaba!

5. *Im Krankheitsfall sollte man in der Türkei ...*
a. gute Nerven und viel Geld haben
b. einen deutschsprachigen Arzt kennen
c. einen Auslandskrankenschein von der Krankenkasse haben

6. *Hausmannskost bekommt man in der Türkei ...*
a. in einem Fastfood-Restaurant
b. in einem *lokanta*
c. in einem *pastane*

2. Fragen und Antworten

Sicherlich haben Sie die letzten sechs Lektionen aufmerksam bearbeitet und machen folglich diese Übung mühelos. Welche Antwort passt zu welcher Frage?

1. Bilet ücreti ne kadar?	a. Aşağı yukarı 20 (yirmi) derece.
2. İnternete girmek istiyorum.	b. Levrek izgara.
3. Bugün hava kaç derece?	c. Hayır, doğru şifre girdim.
4. Bedeniniz kaç?	d. Hayır, Bu ilk defa.
5. Ne tavsiye edersiniz?	e. 15 (on beş) lira.
6. Yanlış şifre mi girdiniz?	f. Kırk iki (42).
7. Başınız ağrıyor mu?	g. Buyurun, bilgisayar iki boş.
8. Hiç İstanbul'a gittin mi?	h. Evet, başım çok ağrıyor.

Wiederholen Sie die Gesprächssituationen aus den vergangenen Lektionen, indem Sie mit Ihrem Tischnachbarn eine Unterhaltung zu den folgenden Themen führen. Die angegebenen Satzfragmente und Wendungen sollten nur als Richtlinie dienen. Improvisieren ist also wieder angesagt!

3. Fit für den „Ernstfall"?

1. *Sie sind in einem Restaurant und wollen etwas zum Essen bestellen.*
- ● Buyurun. Yemek ne alırsınız?
- ♦ Ne tavsiye edersiniz?
- ● ... tavsiye ederim. ...
- ♦ Tamam. ... lütfen.

2. *Sie sind in einem Handyladen und wollen eine SIM-Karte kaufen.*
- ● İyi günler. Bir ... almak istiyorum.
- ♦ Faturalı mı, faturasız mı?
- ● Faturasız ...?
- ♦ Bu ... lira.

3. *Sie sind wegen eines Problems mit Ihrer Kreditkarte auf der Bank.*
- ● Günaydın. Size nasıl yardımcı olabilirim?
- ♦ Galiba bankamatik bozuk.
- ● Ne oldu?
- ♦ ...

4. *Sie erkundigen sich nach der besten Verbindung z. B. zum Flughafen.*
- ● Affedersiniz! ... hangi otobüs gidiyor?
- ♦ ... numara.
- ● Aktarma yapmalı mıyım?
- ♦ Hayır, ... son durak.

5. *Sie kaufen als Selbstversorger Obst und Gemüse auf einem Markt ein.*
- ● Buyurun. Arzunuz?
- ♦ Bir kilo ... lütfen?
- ● Tamam. Başka bir arzunuz var mı?
- ♦ Evet, ... Toplam ne kadar.

6. *Sie haben Beschwerden und suchen die nächste Apotheke auf.*
- ● Neyiniz var?
- ♦ ... ağrıyor.
- ● Ne zamandan beri.
- ♦ ... beri.

4. Und jetzt noch schnell auf Türkisch!

1. Können Sie mir bitte helfen?
2. Mir ist schwindlig!
3. Ich fühle mich nicht gut.
4. Ich habe meine Kreditkarte verloren.
5. Ist es scharf?
6. Können Sie mir bitte die Rechnung bringen?
7. Es könnte regnen.
8. Ich schaue nur, danke.

Gratulation: Sie haben es geschafft und verfügen nun über das nötige „Handwerkszeug", damit Ihr nächster Türkei-Aufenthalt ein voller Erfolg wird: *İyi eğlenceler!* (Viel Spaß!)

Grammatik im Überblick

Die wichtigsten Ausspracheregeln des Türkischen

Das geschriebene Türkisch ist leicht zu lesen

Das türkische Alphabet besteht aus 29 Buchstaben. Die meisten Buchstaben kommen auch im Deutschen vor und werden wie im Deutschen ausgesprochen. Die folgenden Buchstaben werden abweichend vom Deutschen gesprochen:

c	wie **dsch** in **Dsch**ungel	*cami*	Moschee
j	wie **j** in **J**ournalist	*jeton*	Jeton
r	wird gerollt wie das bairische **r**	*Ankara*	Ankara
s	stimmloses **s** wie in Wa**ss**er	*su*	Wasser
v	wie **w** in **w**o	*var*	es gibt
y	wie **j** in **j**a	*yok*	es gibt nicht
z	wie stimmhaftes **s** in **S**onne	*zor*	schwierig

Die folgenden Buchstaben kommen im deutschen Alphabet nicht vor:

ç	wie **tsch** in Deu**tsch**	*çay*	Tee
ğ	wird nicht gesprochen, dehnt den vorausgehenden Vokal	*dağ*	Berg
ş	wie **sch** in **sch**ön	*şeker*	Zucker
â	langes **a**	*bekâr*	ledig
ı	kurzer, dumpfer Laut wie **e** in komm**e**n	*günaydın*	guten Morgen

Jeder Buchstabe wird im Türkischen ausgesprochen

Es gibt weder Diphthonge wie **eu**, **ei** oder **ie** noch Konsonantenkombinationen wie **sch**, **ch**, **tsch** oder **dsch**. Jeder Buchstabe repräsentiert immer genau einen Laut.

Doppelvokale werden doppelt ausgesprochen: *maalesef* → *ma-a-le-sef (leider)*.
Doppelkonsonanten werden doppelt ausgesprochen: *gitti* → *git-ti (er/sie ist gegangen)*.

Betonung und Satzmelodie

Bei den meisten türkischen Wörtern ist die Wortbetonung mehr oder weniger gleichmäßig über alle Silben verteilt mit einer etwas stärkeren Betonung der letzten Silbe. Wie in jeder Sprache ist auch im Türkischen die Satzmelodie von Bedeutung.

Schreibung

Eigennamen, Satzanfänge und Titel werden großgeschrieben, alle anderen Wörter klein.

Vokalharmonie

Vokalharmonische Angleichung der Suffixe

Die meisten grammatikalischen Formen (Konjugation, Deklination, Ableitung) werden im Türkischen durch Anhängen von Suffixen gebildet. Bei diesem Vorgang bleibt das Wort unverändert, die Suffixe jedoch ändern sich. Sie müssen mit dem entsprechenden Wort harmonisieren, d. h. sich vokalisch an dieses angleichen. Das geschieht nach den Gesetzen der Vokalharmonie, einem sehr genauen Regelwerk.

Suffixe können nach ihrem Vokal in zwei Grundformen unterteilt werden: die *e*- Suffixe und die *i*-Suffixe. Beim Anhängen gleichen die *e*-Suffixe und *i*-Suffixe ihren Vokal dem letzten Vokal des Wortes (in unterschiedlicher Weise) an.

Vokalharmonie bei *e*-Suffixen

letzter Vokal des Wortes	Vokal im Suffix
helle Vokale: *e, i, ö, ü*	*e*
dunkle Vokale: *a, ı, o, u*	*a*

Beispiele mit dem Pluralsuffix *-ler*:

letzter Vokal des Wortes		Vokal im Suffix	
e, i, ö, ü		*e*	
tren	Zug	*trenler*	Züge
taksi	Taxi	*taksiler*	Taxis
göz	Auge	*gözler*	Augen
otobüs	Autobus	*otobüsler*	Busse
a, ı, o, u		*a*	
para	Geld	*paralar*	Gelder
balık	Fisch	*balıklar*	Fische
balkon	Balkon	*balkonlar*	Balkone
vapur	Schiff	*vapurlar*	Schiffe

Vokalharmonie bei *i*-Suffixen

letzter Vokal des Wortes	Vokal im Suffix
helle Vokale	
e, i	*i*
ö, ü	*ü*
dunkle Vokale	
a, ı	*ı*
o, u	*u*

Beispiele mit dem Suffix *-li*, das hier die Herkunft angibt:

letzter Vokal des Wortes		Vokal im Suffix	
e, i		*i*	
İsviçre	Schweiz	*İsviçreli*	Schweizer/in
Münih	München	*Münihli*	Münchner/in
ö, ü		*ü*	
Köln	Köln	*Kölnlü*	Kölner/in
Osnabrück	Osnabrück	*Osnabrücklü*	Osnabrücker/in
a, ı		*ı*	
Viyana	Wien	*Viyanalı*	Wiener/in
Mısır	Ägypten	*Mısırlı*	Ägypter/in
o, u		*u*	
Bonn	Bonn	*Bonnlu*	Bonner/in
Hamburg	Hamburg	*Hamburglu*	Hamburger/in

Suffixe und Bindelaute

Folgen beim Anhängen eines Suffixes Vokale aufeinander, dann taucht oft ein Bindelaut auf, der Wort und Endung miteinander verbindet. So lässt sich dieses Wort leichter aussprechen. Bindelaute sind oft *-y-* oder *-n-*, seltener auch ein *-s-* oder ein *-ş-*.

In diesem Buch werden Suffixe in der Grundform, *e*-Suffixe und *i*-Suffixe mit dem entsprechenden Bindelaut in Klammern wie folgt angegeben:
Dativsuffix ***-(y)e*** → d. h. zwischen dem Dativsuffix *-e* und dem Hauptwort fügt man den Bindelaut *-y-* ein, wenn das Hauptwort auf einen Vokal endet, wie z. B. *Türkiye (die Türkei)* → *Türkiye'ye (in die Türkei)*.
Genitivsuffix ***-(n)in*** → d. h. zwischen dem Genitivsuffix *-in* und dem Hauptwort fügt man den Bindelaut *-n-* ein, wenn das Hauptwort auf einen Vokal endet, wie z. B. *Türkiye (die Türkei)* → *Türkiye'nin (der Türkei)*.

Hauptwörter (Substantive)

Außer bei Eigennamen werden Hauptwörter kleingeschrieben.

Geschlechtswörter (Artikel)

Im Türkischen gibt es keine Artikel und kein grammatikalisches Geschlecht:

anne	(die) Mutter
baba	(der) Vater
çocuk	(das) Kind
doktor	(die) Ärztin, (der) Arzt

Ist ein Begriff unbestimmt, steht das Zahlwort *bir (eins)* unverändert davor:

bir çocuk	ein Kind

Mehrzahl (Plural)

Die Mehrzahlbildung ist einfach: Grundsätzlich wird das Pluralsuffix *-ler* an das entsprechende Hauptwort angehängt:

gün	Tag	*günler*	Tage
akşam	Abend	*akşamlar*	Abende

Hauptwörter nach Zahlen und Mengenangaben erhalten kein Pluralsuffix *-ler*:

iki kadın	zwei Frauen
üç erkek	drei Männer

Die Pluralform wird im Türkischen viel seltener verwendet als im Deutschen, nämlich nur dann, wenn sie für das Verständnis zwingend notwendig ist. Ansonsten wird die Singularform auch für mehrere „Elemente" verwendet:

Kitaplar aldım.	Ich habe verschiedene Bücher gekauft.
Kitap aldım.	Ich habe ein Buch gekauft./Ich habe Bücher gekauft.

Deklination (Beugung) der Hauptwörter (Kasus/Fälle)

Im Türkischen gibt es sechs Fälle. Der Nominativ hat kein Suffix, alle anderen Fälle werden hingegen durch Anhängen von Fallsuffixen an das Hauptwort gebildet.

Fallsuffixe:

Nominativ	–	auf die Fragen *kim?* *(wer?)* oder *ne?* *(was?)*
Genitiv	*-(n)in*	auf die Frage *kimin?* *(wessen?)*
Akkusativ	*-(y)i*	auf die Fragen *kimi?* *(wen?)* oder *neyi?* *(was?)*
Dativ	*-(y)e*	auf die Fragen *kime?* *(wem/zu wem?)* oder *nereye?* *(wohin?)*
Lokativ	*-de*	auf die Fragen *kimde?* *(bei wem?)*, *nerede?* *(wo?)* oder *ne zaman?* *(wann?)*
Ablativ	*-den*	auf die Fragen *kimden?* *(von wem?)* oder *nereden?* *(woher?)*

Beispiele:

Nominativ	*otel*	das Hotel
Dativ	*otele*	dem Hotel/zum Hotel
Lokativ	*otelde*	im Hotel

Fallsuffixe stehen nach dem Pluralsuffix *-ler*:

oteller	die Hotels
otellere	den Hotels/zu den Hotels
otellerde	in den Hotels

Bei Eigennamen wird das Fallsuffix mit einem Apostroph abgetrennt:

Dativ	*Türkiye'ye*	in die Türkei
Lokativ	*Türkiye'de*	in der Türkei

Besitzanzeigende Fürwörter (Possessivpronomen)

Possessivpronomen stehen als Begleiter unverändert vor dem Hauptwort, dabei erhält dieses je nach Person unterschiedliche Possessivsuffixe.

Possessivpronomen		Possessivsuffixe		
benim	mein	*-im*	*benim otelim*	mein Hotel
senin	dein	*-in*	*senin otelin*	dein Hotel
onun	sein/ihr	*-(s)i*	*onun oteli*	sein/ihr Hotel
bizim	unser	*-imiz*	*bizim otelimiz*	unser Hotel
sizin	euer/ihr	*-iniz*	*sizin oteliniz*	euer/Ihr Hotel
onların	ihr	*-leri*	*onların otelleri*	ihr Hotel

Umgangssprachlich reichen in der 1. und 2. Person die Possessivsuffixe völlig aus, um das Besitztum anzugeben: *benim kardeşim* = *kardeşim* (*mein Bruder*).

Endet das Hauptwort auf einen Vokal, entfällt – außer für die Formen der 3. Person – der Anfangsvokal *i* der Possessivsuffixe:

benim annem	meine Mutter
sizin anneniz	eure/Ihre Mutter

Fallsuffixe werden an die Possessivsuffixe angehängt. Bei der 3. Person im Singular und Plural wird der Bindelaut *-n-* zwischen beide Suffixe eingefügt:

1. Person Singular	*otelim*	mein Hotel	*otelimde*	in meinem Hotel
3. Person Singular	*oteli*	sein/ihr Hotel	*otelinde*	in seinem/ihrem Hotel
3. Person Plural	*otelleri*	ihre Hotels	*otellerinde*	in ihren Hotels

Zusammengesetzte Hauptwörter

Hauptwörter können auf verschiedene Art und Weise zusammengesetzt werden:

1. Genitivkonstruktion

Diese Konstruktion wird verwendet, um ein Zugehörigkeits- bzw. Besitzverhältnis zum Ausdruck zu bringen.

Bildung: Besitzer/in + Genitivsuffix *-(n)in* und Besitz + Possessivsuffix *-(s)i*

kardeşin adı	der Name des Bruders
Sibel'in evi	Sibels Haus

Eine Genitivkonstruktion kann Fallsuffixe erhalten. Dann steht vor dem Fallsuffix immer der Bindelaut -n-:

Sibel'in evine	zu Sibels Haus
Sibel'in evinde	in Sibels Haus

2. Feststehende Wortkombinationen
Diese Wortkombinationen bestehen häufig aus zwei Hauptwörtern, die einen feststehenden Begriff bezeichnen.

Bildung: Art oder Ort bestimmendes Hauptwort und ein weiteres Hauptwort + Possessivsuffix -(s)i

diş doktoru	Zahnarzt/Zahnärztin
kent merkezi	Stadtzentrum

Diese Kombination kann auch Fallendungen erhalten. Auch hier steht der Bindelaut -n- vor dem Fallsuffix:

Kent merkezindeyim.	Ich bin im Stadtzentrum.

Bei feststehenden Wortkombinationen, die ein Material beinhalten, entfällt auch beim zweiten Hauptwort das Suffix:

altın yüzük	Goldring
ipek şal	Seidenschal

Diese Kombination erhält Fallendungen ohne Bindelaut -n-:

İpek şalı alıyorum.	Ich kaufe den Seidenschal.

Eigenschaftswörter (Adjektive)

Als Begleiter des Hauptworts stehen sie immer vor diesem und sind unveränderlich:

güzel kitap	das schöne Buch	*güzel kitaplar*	die schönen Bücher
kırmızı gül	die rote Rose	*kırmızı güller*	die roten Rosen

Das Zahlwort bir steht immer zwischen dem Eigenschaftswort und dem Hauptwort:

yeni bir otel	ein neues Hotel

Steigerung des Adjektivs
Bei der Komparativbildung wird daha dem Eigenschaftswort vorangestellt, bei der Superlativbildung en:

Grundstufe:	*yüksek*	hoch
Komparativ:	*daha yüksek*	höher
Superlativ:	*en yüksek*	höchste/r/s, am höchsten

Uludağ yüksek.	Der Uludağ ist hoch.
Ararat daha yüksek.	Der Ararat ist höher.
Everest en yüksek.	Der Mount Everest ist am höchsten.

Im Türkischen gibt es übrigens keine unregelmäßigen Steigerungsformen:

iyi (gut) → daha iyi (besser) → en iyi (beste(r/s)/am besten)
çok (viel) → daha çok (mehr) → en çok (meiste(n)/am meisten)

Umstandswörter (Adverbien)

Mit Adverbien kann man ein Verb oder einen ganzen Satz näher bestimmen.

Ortsadverbien

Ortsadverbien antworten auf die Fragen *nereye? (wohin?)*, *nerede? (wo?)* und *nereden? (woher?)*. Im Türkischen können Ortsadverbien durch Lokativ-, Dativ- und Ablativformen der Hauptwörter, die Ort, Raum und Richtung bezeichnen, wiedergegeben werden:

Hauptwort	*nereye?* wohin?	*nerede?* wo?	*nereden?* woher?
bura der Ort hier	*buraya* hierher	*burada* hier	*buradan* von hier
içeri das Innere	*içeriye* hinein	*içeride* drinnen	*içeriden* von drinnen
dışarı das Äußere	*dışarıya* hinaus	*dışarıda* draußen	*dışarıdan* von draußen
sağ die rechte Seite	*sağa* nach rechts	*sağda* rechts	*sağdan* von rechts
sol die linke Seite	*sola* nach links	*solda* links	*soldan* von links

Beachten Sie, dass das Fragewort und die entsprechende Antwort im gleichen Fall stehen müssen.

Frage:	Antwort:		
Anahtar nerede?	Wo ist der Schlüssel?	*İçeride.*	Drinnen.
Nereye gidiyorsun?	Wohin gehst du?	*İçeriye.*	Hinein.
Nereden geliyorsun?	Woher kommst du?	*İçeriden.*	Von drinnen.

Zeitadverbien

Zeitadverbien geben Auskunft über Zeit und Dauer. Sie antworten auf Fragen wie *ne zaman? (wann?)* und *kaç defa? (wie oft?)*:

Ne zaman? → *eskiden* (*früher*), *biraz önce* (*[so]eben*), *şimdi* (*jetzt*), *sonra* (*später*), *her zaman* (*immer*) etc.
Kaç defa? → *bir defa* (*einmal*), *iki defa* (*zweimal*), *hep* (*jedes Mal*), *her gün* (*täglich*), *her hafta* (*jede Woche*) etc.

Adverbien der Art und Weise

Adverbien der Art und Weise antworten auf die Frage *nasıl?* (*wie?*):
Nasıl? → *seve seve* (*gern*), *dikkatli* (*vorsichtig*), *çabuk* (*schnell*), *yavaş* (*langsam*) etc.

Persönliche Fürwörter (Personalpronomen)

ben	ich
sen	du
o	er/sie/es
biz	wir
siz	ihr/Sie
onlar	sie

Die 2. Person Plural *siz* wird auch für die höfliche Anrede benutzt. Ein Satz wie *Alman mısınız?* kann folglich auf zwei verschiedene Arten ins Deutsche übersetzt werden: 1. Sind Sie Deutsche/r? oder 2. Seid ihr Deutsche?

Personalpronomen können dekliniert werden

Nom.	Akk. *-(y)i* *kimi?* wen?	Dat. *-(y)e* *kime?* wem?	Lok. *-de* *kimde?* bei wem?	Abl. *-den* *kimden?* von wem?	Gen. *-(n)in* *kimin?* wessen?
ben ich	*beni* mich	*bana* mir	*bende* bei mir	*benden* von mir	*benim* mein
sen du	*seni* dich	*sana* dir	*sende* bei dir	*senden* von dir	*senin* dein
o er/sie/es	*onu* ihn/sie	*ona* ihm/ihr	*onda* bei ihm/ihr	*ondan* von ihm/ihr	*onun* sein /ihr
biz wir	*bizi* uns	*bize* uns	*bizde* bei uns	*bizden* von uns	*bizim* unser
siz ihr/sie	*sizi* euch/Sie	*size* euch/Ihnen	*sizde* bei euch/ Ihnen	*sizden* von euch/ Ihnen	*sizin* euer/Ihr
onlar sie	*onları* sie	*onlara* ihnen	*onlarda* bei ihnen	*onlardan* von ihnen	*onların* ihr

Ben tiyatroya gidiyorum.	Ich gehe zum/ins Theater.
Beni bekle lütfen!	Warte auf mich, bitte!
Yarın bana gel lütfen!	Komm morgen zu mir, bitte!
Pasaportlar bende.	Die Reisepässe sind bei mir.
Bu kitap benden.	Dieses Buch ist von mir.
Benim arabam yeni.	Mein Wagen ist neu.

Die Genitivformen der Personalpronomen sind zugleich die Possessivpronomen: *benim* (*mein*), *senin* (*dein*) etc.

Reflexivpronomen

Reflexivpronomen werden im Türkischen durch Anhängen der Possessivsuffixe an das Pronomen *kendi* gebildet:

kendim	ich selbst
kendin	du selbst
kendisi	er/sie/es selbst
usw.	

(Sen) kendin söyledin.	Du hast es selbst gesagt.

Hinweisende Fürwörter (Demonstrativpronomen)

Die hinweisenden Fürwörter lauten:

Singular		Plural	
bu	diese/r/s hier	*bunlar*	diese hier
şu	diese/r/s da	*şunlar*	diese da
o	jene/r/s / diese/r/s dort	*onlar*	jene / diese dort

Die hinweisenden Fürwörter stehen als Begleiter unverändert vor dem Hauptwort:

Bu kitap pahalı.	Dieses Buch hier ist teuer.
Şu ev büyük.	Dieses Haus da ist groß.
O ceket ucuz.	Diese Jacke dort ist billig.

Tätigkeitswörter (Verben)

Verbstamm und Infinitiv (Grundform)

Wie im Deutschen besteht das Verb im Türkischen aus einem Verbstamm und einem Infinitivsuffix. Das Infinitivsuffix ist im Türkischen *-mek*:

bilmek	wiss**en**
sormak	frag**en**

Zeitformen

Zeitformen des Verbs werden durch Anhängen der Zeit- und Personalsuffixe an den Verbstamm gebildet, dabei bleibt der Verbstamm immer unverändert. Nur folgende Verben bilden eine Ausnahme von dieser Regel: *gitmek* *(gehen)*, *etmek* *(tun/machen)* und *tatmak* *(probieren/kosten)*. Beginnt die Endung mit einem Vokal, wird beim Verbstamm t zu d:

gitmek → *gidiyorum* *(ich gehe)*, *etmek* → *ediyorum* *(ich mache/tue)*, *tatmek* → *tadıyorum* *(ich probiere/koste)*

Bildung: Verbstamm + Zeitsuffix + Personalsuffix

Die Zeitsuffixe verdeutlichen, wann Handlungen und Ereignisse stattfinden, wobei die handelnde Person durch die Personalsuffixe ausgedrückt wird. Auch hier können die Personalpronomen entfallen, da die Suffixe bereits das Subjekt ausreichend bestimmen. Mehr dazu im Folgenden.

Bestimmte Gegenwart (Präsens)

Bildung: Verbstamm + Gegenwartssuffix *-iyor* + Personalsuffix

Bei der Gegenwartsendung *-iyor* ist die zweite Silbe *-yor* immer unverändert. Die erste Silbe *-i* richtet sich jeweils nach der Vokalharmonie. Beispiel: *sevmek* *(lieben)*

Personalsuffixe	Verbform	
-(y)im	*seviyorum*	ich liebe
-sin	*seviyorsun*	du liebst
–	*seviyor*	er/sie/es liebt
-(y)iz	*seviyoruz*	wir lieben
-siniz	*seviyorsunuz*	ihr liebt/Sie lieben
-ler	*seviyorlar*	sie lieben

Endet der Verbstamm auf einen Vokal, entfällt dieser Vokal bei der Verbindung mit *-iyor*. So lässt sich die Verbindung besser aussprechen.

de-mek	*diyorum*	ich sage
iste-mek	*istiyorum*	ich möchte
ye-mek	*yiyorum*	ich esse

Das Präsens beschreibt

- Ereignisse in der Gegenwart:
  Durakta bekliyorum. — Ich warte an der Haltestelle.
- einen andauernden Zustand:
  Berlin'de oturuyorum. — Ich wohne in Berlin.
- zukünftige Handlungen mit Zeitangabe (anstelle des Futurs):
  Yarın gidiyorum. — Ich fahre morgen.

– Handlungen, die sich regemäßig wiederholen:

Her gün yüzüyorum. — Ich schwimme jeden Tag.

Unbestimmte Gegenwart

Bildung: Verbstamm + Gegenwartssuffix *-r*, *-ir* oder *-er* + Personalsuffix

-r, -er oder -ir?

1. Nach Verbstämmen, die auf einen Vokal enden, gebraucht man nur *-r*.
Beispiel: *istemek (möchten/wollen)*

Personalsuffixe	Verbstamm + -r + P.suffix	
-(y)im	isterim	ich möchte
-sin	istersin	du möchtest
–	ister	er/sie/es möchte
-(y)iz	isteriz	wir möchten
-siniz	istersiniz	ihr möchtet/Sie möchten
-ler	isterler	sie möchten

2. Nach mehrsilbigen Verbstämmen, die auf einen Konsonanten enden, wird *-ir* benutzt:

anlatmak	anlatırım	ich erzähle
konuşmak	konuşurum	ich spreche

3. Nach einsilbigen Verbstämmen, die auf einen Konsonanten enden, wird *-er* benutzt:

gitmek	giderim	ich gehe
yapmak	yaparım	ich mache

Bei folgenden Verben mit einsilbigen Verbstämmen wird jedoch die Endung *-ir* benutzt:

almak	alırım	ich nehme
vermek	veririm	ich gebe
bilmek	bilirim	ich weiß
bulmak	bulurum	ich finde
gelmek	gelirim	ich komme
kalmak	kalırım	ich bleibe
olmak	olurum	ich werde
sanmak	sanırım	ich glaube

Die unbestimmte Gegenwart dient zur Wiedergabe von

– Gewohnheiten und regelmäßigen Handlungen:

Sinemaya giderim. — Ich gehe (gewöhnlich) ins Kino.

– höflichen Bitten und Aufforderungen:

Ne içmek istersiniz? — Was möchten Sie trinken?

– Fähigkeiten und Möglichkeiten:

Sanırım, o iyi yemek yapar.	Ich glaube, er kocht gut.

– Absichten:

Yarın giderım.	Ich beabsichtige, morgen zu gehen.

Vergangenheit

Bildung: Verbstamm + Vergangenheitssuffix *-di* + Personalsuffix

Beispiel: *gelmek (kommen)*

Personalsuffixe	Verbstamm + *-di* + Personalsuffix	
-m	*geldim*	ich bin gekommen
-n	*geldin*	du bist gekommen
–	*geldi*	er/sie/es ist gekommen
-k	*geldik*	wir sind gekommen
-niz	*geldiniz*	ihr seid/Sie sind gekommen
-ler	*geldiler*	sie sind gekommen

Endet der Verbstamm auf einen stimmlosen Konsonanten (*ç, f, h, k, p, s, ş, t*), wird beim Suffix *-d* zu *-t*:

gitmek	*gittim*	ich bin gegangen
içmek	*içtim*	ich habe getrunken
konuşmak	*konuştum*	ich habe gesprochen
yapmak	*yaptım*	ich habe gemacht

Die Vergangenheit mit *-di* drückt abgeschlossene Handlungen und Ereignisse in der Vergangenheit aus:

Dün geldim.	Ich bin gestern gekommen.
Kim telefon etti?	Wer hat angerufen?
Sen ne dedin?	Was hast du gesagt?
Herşeyi unuttum.	Ich habe alles vergessen.

Futur

Bildung: Verbstamm + Futursuffix *-(y)ecek* + Personalsuffix

Beispiel: *gelmek (kommen)*

Personalsuffixe	Verbstamm + -(y)ecek + Personalsuffix	
-(y)im	*geleceğim*	ich werde kommen
-sin	*geleceksin*	du wirst kommen
–	*gelecek*	er/sie/es wird kommen
-(y)iz	*geleceğiz*	wir werden kommen
-siniz	*geleceksiniz*	ihr werdet/Sie werden kommen
-ler	*gelecekler*	sie werden kommen

Bei der 1. Person im Singular und Plural wird *-k* bei *-ecek* aussprachebedingt zu *-ğ* erweicht:

gelmek	*geleceğim*	ich werde kommen
almak	*alacağım*	ich werde nehmen

Endet der Verbstamm auf einen Vokal, dann steht zwischen dem Verbstamm und *-ecek* der Bindelaut *-y-*:

şarkı söylemek (singen) → şarkı söyleyecek (er wird singen)

Das Futur bezeichnet

- Handlungen und Ereignisse, die in der Zukunft stattfinden:
  Türkiye'ye gideceğim. Ich werde in die Türkei fahren.
- eine Vermutung:
  Sanırım, yağmur yağacak. Ich glaube, es wird regnen.

Verneinung

Die Zeitformen der Vergangenheit, des Futurs und des Präsens werden durch das Verneinungssuffix *-me* verneint, das immer unmittelbar nach dem Verbstamm steht.

Vergangenheit:

gitmek	*gitmedim*	ich bin nicht gegangen
yapmak	*yapmadım*	ich habe nicht gemacht

Futur:

içmek	*içmeyeceğim*	ich werde nicht trinken
yapmak	*yapmayacağım*	ich werde nicht machen

Beim Präsens mit *-iyor* wird *-me* zu *-m*, da *-iyor* mit einem Vokal beginnt:

demek	*demiyorum*	ich sage nicht
istemek	*istemiyorum*	ich möchte nicht
yemek	*yemiyorum*	ich esse nicht

Die Verneinungsformen der unbestimmten Gegenwart werden mit dem Suffix *-mez* gebildet, doch entfällt das *-z* in der 1. Person Singular und Plural:

istemem	ich möchte nicht
istemezsin	du möchtest nicht
istemez	er/sie/es möchte nicht
istemeyiz	wir möchten nicht
istemezsiniz	ihr möchtet/Sie möchten nicht
istemezler	sie möchten nicht

Imperativ

Der Imperativ drückt einen Befehl, ein Verbot oder einen Wunsch aus. In der 2. Person Singular (du) ist der Imperativ gleich dem Verbstamm. Im Plural werden die Suffixe *-(y)in* oder *-(y)iniz* angefügt. Beide Formen werden sowohl für die informelle Anrede an mehrere Personen *siz* *(ihr)* als auch für die höfliche Anrede *siz* *(Sie)* verwendet:

beklemek	warten
bekle!	warte!
bekleyin!/bekleyiniz!	wartet!/warten Sie!

Verneinung:

beklememek	nicht warten
bekleme!	warte nicht!
beklemeyin!/beklemeyiniz!	wartet nicht!/warten Sie nicht!

Die Hilfs- und Modalverben

sein

Das deutsche Hilfsverb „sein“ wird im Türkischen mit dem Verb *imek* ausgedrückt. Das Verb *imek* wird wie folgt verwendet:

Präsens

Was die Gegenwartsformen angeht, bildet *imek* eine Ausnahme: Verbstamm und Präsenssuffix treten nicht auf, sondern es bleiben nur die Personalsuffixe übrig, die direkt an das Prädikativ (Hauptwort oder Eigenschaftswort) angehängt werden:

ben	*-(y)im*
sen	*-sin*
o	–
biz	*-(y)iz*
siz	*-siniz*
onlar	*-ler*

Turistim.	Ich bin Tourist.
Avusturyalıyız.	Wir sind aus Österreich.

Vergangenheit
Bildung: der Verbstamm *i* + Vergangenheitsendung *-di* + Personalsuffix

Personalsuffixe	Verbstamm *i* + *-di* + Personalsuffix	
-m	*idim*	ich war
-n	*idin*	du warst
–	*idi*	er/sie/es war
-k	*idik*	wir waren
-niz	*idiniz*	ihr wart/Sie waren
-ler	*idiler*	sie waren

Filim güzel idi.	Der Film war schön.
Sen yorgun idin.	Du warst müde.

Die Vergangenheitsformen von *imek* werden jedoch selten getrennt wie oben beschrieben verwendet, eher werden sie als Suffix an das Prädikativ angehängt. Dabei entfällt der Verbstamm *i*:

ben	*-(y)dim*
sen	*-(y)din*
o	*-(y)di*
biz	*-(y)dik*
siz	*-(y)diniz*
onlar	*-(y)diler*

Filim güzel idi. = *Filim güzeldi.*	Der Film war schön.
Sen yorgun idin. = *Sen yorgundun.*	Du warst müde.

Endet das Prädikativ auf einen Vokal, dann wird es mit dem Bindelaut *-y-* verbunden:

Ben hasta idim. = *Ben hastaydım.*	Ich war krank.

Verneinung
Die Verneinung von *imek* wird durch das Wort *değil* *(nicht)* gebildet: Das Wort *değil* steht unverändert nach dem Prädikativ und wird getrennt geschrieben. Die Suffixformen von *imek* werden an *değil* angehängt:

Präsens	*Hasta değilim.*	Ich bin nicht krank.
Vergangenheit	*Hasta değildim.*	Ich war nicht krank.

„Haben" und „nicht haben"

„Haben" und „nicht haben" werden im Türkischen mit var *(vorhanden/existent)* und yok *(nicht vorhanden/nicht existent)* wiedergegeben. Dabei wird als Prädikativ eine Genitivkonstruktion oder ein Hauptwort mit Possessivendung verwendet.

Genitivkonstruktion + var/yok:

Odanın balkonu var.	Das Zimmer hat einen Balkon.
Sibel'in çantası yok.	Sibel hat keine Tasche.

Hauptwort mit Possessivendung + var/yok:

Arabam var.	Ich habe ein Auto.
Araban yok mu?	Hast du kein Auto?

„Es gibt ..." und „es gibt nicht/kein ..."

Die Wörter var und yok können im Deutschen auch „es gibt ..." bzw. „es gibt nicht/kein ..." wiedergeben:

Televizyonda ne var?	Was gibt es im Fernsehen?
Eğlence programı yok mu?	Gibt es kein Unterhaltungsprogramm?

Können

„Können" wird im Türkischen durch eine Zusammensetzung eines Verbs mit dem Verb bilmek *(wissen)* ausgedrückt. Durch diese Kombination wird die Möglichkeitsform des Verbs gebildet.

Bildung: Verbstamm + das Suffix *-(y)e* + *bilmek*

gelmek	kommen	*gelebilmek*	kommen können
konuşmak	sprechen	*konuşabilmek*	sprechen können
okumak	lesen	*okuyabilmek*	lesen können
söylemek	sagen	*söyleyebilmek*	sagen können

Türkçe konuşabiliyorum.	Ich kann Türkisch sprechen.
Bana yardım edebilir misiniz?	Können Sie mir helfen?

Verneinung:
Die Verneinung erfolgt durch das Negationssuffix -me. Dabei entfällt das Verb bilmek:

gelebilmek	kommen können	*gelememek*	nicht kommen können
konuşabilmek	sprechen können	*konuşamamak*	nicht sprechen können

Yarın gelemem.	Ich kann morgen nicht kommen.

Dürfen

„Dürfen“ kann man im Türkischen durch die Möglichkeitsform des Verbs in der unbestimmten Gegenwartsform ausdrücken:

Gelebilir miyim?	Darf ich kommen?

Müssen und sollen

„Müssen“ kann man im Türkischen durch die Notwendigkeitsform des Verbs ausdrücken.

Bildung: Verbstamm + Notwendigkeitssuffix *-meli* + Personalsuffix

gitmeliyim	ich muss gehen
gitmelisim	du musst gehen
gitmeli	er/sie/es muss gehen
gitmeliyiz	wir müssen gehen
gitmelisiniz	ihr müsst/Sie müssen gehen
gitmeliler	sie müssen gehen

Bankaya gitmeliyim.	Ich muss zur Bank gehen.
Tatil yapmalıyım.	Ich muss Urlaub machen.

Auch „sollen“ kann mithilfe dieser Notwendigkeitsform ausgedrückt werden:

Bol su içmelisin.	Du sollst viel Wasser trinken.

Örtliche und räumliche Präpositionen

Auf die Fragen nereye? *(wohin?)* und nerede? *(wo?)* antwortet man im Deutschen mit Präpositionen, die Ort, Raum und Richtung angeben.
Im Türkischen werden diese Fragen mit Hauptwörtern beantwortet, die einen bestimmten örtlichen Bereich, eine bestimmte Seite von etwas oder eine bestimmte Richtung beinhalten. Hier die am häufigsten verwendeten: ön *(die Vorderseite)*, arka *(die Hinterseite)*, üst *(die Oberseite)*, alt *(die Unterseite)*, iç *(die Innenseite)*, dış *(die Außenseite)*, yan *(die Seite)*, karşı *(die gegenüberliegende Seite)*, ara *(der Zwischenraum)*, sağ *(die rechte Seite)*, sol *(die linke Seite)*.

Sie bilden mit dem Hauptwort, auf das sie sich beziehen, eine Genitivkonstruktion wie z. B. otelin önü *(die Vorderseite des Hotels)* und je nach der Frage nereye? *(wohin?)* oder nerede? *(wo?)* erhält diese Genitivkonstruktion ein entsprechendes Fallsuffix:

Nereye?	otelin önüne	vor das Hotel
Nerede?	otelin önünde	vor dem Hotel

Nicht vergessen: vor dem Fallsuffix steht der Bindelaut *-n-*.

Fragen

Ergänzungsfragen

Einen einfachen Aussagesatz kann man durch ein Fragewort in eine Ergänzungsfrage umwandeln. Das Fragewort steht direkt vor dem Verb und der Satzbau folgt dem Schema:

Subjekt + Fragewort + Prädikat	
Ahmet ne zaman geliyor?	Wann kommt Ahmet?

Die wichtigsten Fragewörter heißen: *kaç?* *(wie viel/e?)*, *nasıl?* *(wie?)*, *nerede?* *(wo?)*, *hangi?* *(welche/r/s?)*, *niçin?* *(warum?)*, *ne zaman?* *(wann?)*, *kim?* *(wer?)*, *ne?* *(was?)*

Entscheidungsfragen

Einen Aussagesatz kann man durch die Fragepartikel *mi* in eine Entscheidungsfrage umwandeln. Bei der Entscheidungsfrage lautet die erwartete Antwort entweder *evet* *(ja)* oder *hayır* *(nein)*.

Steht die Fragepartikel *mi* hinter einem Verb in der bestimmten Gegenwart, in der unbestimmten Gegenwart oder im Futur, so erhält sie in der Regel das Personalsuffix und man schreibt sie getrennt vom Verb:

Sen geliyor musun?	Kommst du?
Çay ister misin?	Möchtest du Tee?
Kahve içecek misiniz?	Werden Sie Kaffee trinken?

In der Vergangenheit steht *mi* nach dem Personalsuffix:

Çay içtin mi?	Hast du getrunken?
Emel geldi mi?	Ist Emel gekommen?

Bei Fragesätzen mit *imek* in der Vergangenheit werden die Vergangenheitssuffixe von *imek* direkt an *mi* angehängt:

Filim iyi miydi?	War der Film gut?
Hasta mıydın?	Warst du krank?
Yorgun muydunuz?	Wart ihr/Waren Sie müde?

Dennoch muss erwähnt werden, dass die Fragepartikel *mi* flexibel ist und hinter dem Satzteil stehen kann, der besonders betont werden soll:

Ali bugün geliyor mu?	**Kommt** Ali heute?
Ali bugün mü geliyor?	Kommt Ali **heute**?
Ali mi bugün geliyor?	Kommt **Ali** heute?

Lösungen der Übungen und Transkription der Hörtexte

Lektion 1

Schon längst bekannt, nicht wahr?

1. – d., 2. – a., 3. – c., 4. – b.

Übungen A

2. 1. – a., 2. – b., 3. – a., 4. – b.

3. 1. Tanıştırayım: kardeşim. 2. Tanıştırayım: kocam. 3. Tanıştırayım: karım. 4. Tanıştırayım: eşim. 5. Tanıştırayım: nişanlım. 6. Tanıştırayım: arkadaşım.

4. 1. – d., 2. – f., 3. – a., 4. – c., 5. – b., 6. – e.

Übungen B

2. 1. Ben çok yorgunum. 2. Ben çok doluyum. 3. Ben çok hastayım. 4. Ben çok iyiyim. 5. Ben çok üzgünüm. 6. Ben çok memnunum.

3. 1. – a., 2. – b., 3. – a.

Hörtext:

◆ Merhaba Sibel. Nasılsın?

● Merhaba Arif. Teşekkür ederim, iyiyim. Sen nasılsın?

◆ Şöyle böyle. Çok yorgunum.

● Tanıştırayım: arkadaşım Nur.

◆ Merhaba Nur. Memnun oldum.

▲ Ben de memnun oldum.

4. 1. – d., 2. – c., 3. – a., 4. – f., 5. – b., 6. – e.

Lektion 2

Die liebe Verwandtschaft!

1. – d., 2. – h., 3. – b., 4. – e., 5. – f., 6. – c., 7. – a., 8. – g.

Übungen A

2. 1. Nerelisiniz? 2. Salzburgluyum. 3. Yolculuk nereye? 4. Ankara'ya. 5. İyi yolculuklar. 6. Teşekkürler.

3. 1. İzmirli. 2. Ankaralı. 3. İstanbullu. 4. Diyarbakırlı. 5. Gaziantepli. 6. Münihli. 7. Berlinli. 8. Frankfurtlu. 9. Viyanalı. 10. Zürihli.

4. 1. – c., 2. – f., 3. – d., 4. – a., 5. – b., 6. – e.

Übungen B

2. 1. Benim annem. 2. Senin kardeşin. 3. Onun dedesi. 4. Benim ağabeyim. 5. Senin baban. 6. Onun ablası.

3. 1. – b., 2. – a., 3. – b., 4 – b.

Hörtext:

◆ Affedersiniz, bu yer boş mu?

● Evet, boş

◆ Teşekkürler. Adım Gökhan.

● Benim adım Fatma.

◆ Memnun oldum.

● Ben de memnun oldum. Nerelisiniz?

◆ İzmirliyim. Ya siz?

● Ben Ankaralıyım.

◆ Mesleğiniz ne?

● Öğretmenim. Ya siz?

◆ Ben diş doktoruyum.

● Çok güzel!

4. 1. – c., 2. – e., 3. – b., 4. – d., 5. – a.

Lektion 3

Übungen A

2. 1. Saat on birde. 2. Saat yedide. 3. Saat altıda. 4. Saat üçte. 5. Saat dörtte. 6. Saat dokuzda.

3. 1. Dokuz eksi üç eşittir altı. 2. Yedi artı iki eşittir dokuz. 3. On iki eksi dokuz eşittir üç. 4. sekiz artı üç eşittir on bir. 5. Beş eksi dört eşittir bir. 6. Bir artı on altı eşittir on yedi. 7. On eksi beş eşittir beş. 8. İki artı sekiz eşittir on. 9. Dört artı bir eşittir beş. 10. Üç eksi iki eşittir bir. 11. On bir artı bir eşittir on iki. 12. yedi eksi altı eşittir bir.

4. Şimdi … 1. saat üç. 2. saat yedi on beş. 3. saat dört on. 4. saat beş. 5. saat on iki. 6. saat iki sıfır beş. 7. saat on üç. 8. saat on bir on beş. 9. saat altı. 10. saat sekiz sıfır beş.

Übungen B

2. 1. Affedersiniz, turizm bürosu uzak mı? 2. Hayır, yakın. Yayan beş dakika. 3. Bugün açık mı? 4. Evet, açık. 5. Taksi durağı nerede? 6. İşte orada.

3. 1. – a., 2. – b., 3. – b.
Hörtext:
● Affedersiniz, saat kaç?
♦ Saat dört otuz.
● Turizm bürosu uzak mı?
♦ Hayır, yakın. Yayan beş dakika.
● Bugün açık mı?
♦ Evet, açık.
● Harika. Teşekkürler.
♦ Bir şey değil.

4. 1. Tramvaya binin! 2. Taksiye binin! 3. Dolmuşa binin! 4. Otobüse binin! 5. Metroya binin!

Lektion 4

Übungen A

2. 1. 1 Ekim'den 7 Ekim'e kadar. 2. 3 Kasım'dan 10 Kasım'a kadar. 3. 5 Aralık'tan 12 Aralığ'a kadar. 4. 10 Ocak'tan 17 Ocağ'a kadar. 5. 11 Haziran'dan 20 Haziran'a kadar. 6. 15 Ağustos'tan 22 Ağustos'a kadar.

3. 1. Doksan beş lira. 2. Yetmiş lira. 3. Elli lira. 4. Seksen lira. 5. Otuz lira. 6. Kırk lira. 7. Yetmiş beş lira. 8. Seksen beş lira. 9. Altmış lira. 10. Doksan lira. 11. Kırk beş lira. 12. Altmış beş lira.

4. 1. Kaç gün için? 2. 1Temmuz'dan 14 Temmuz'a kadar 3. Geceliği ne kadar? 4. Yayan beş dakika. 5. Otelin telefon numarası kaç? 6. Biraz pahalı.

Übungen B

2. 1. E-postayla. 2. Faksla. 3. Metroyla. 4. Dolmuşla. 5. Taksiyle. 6. Otobüsle.

3. 1. – b., 2. – c., 3. – e., 4. – a., 5. – f., 6. – d.

4. 1. – a., 2. – a., 3. – b.
Hörtext:
♦ İyi akşamlar, Otel Ada. Buyurun?
● Merhaba. Adım Berger. Boş odanız var mı?
♦ Evet, var. Tek kişilik mi?
● Hayır, iki kişilik.
♦ Kaç gün için?
● İki gün için. 4 Haziran'dan 6 Haziran'a kadar. Geceliği ne kadar?
♦ 80 lira.
● Tamam. Onayı e-posta ile gönderin lütfen.
♦ E-posta adresiniz?
● E-posta adresim: epostaberger@…

Lektion 5

Übungen A

2. 1. – a., 2. – b., 3. – a., 4. – b.

3. 1. Tek kişilik bir oda var mı? 2. Ucuz bir oda var mı? 3. Balkonlu bir oda var mı? 4. Sessiz bir oda var mı? 5. Banyolu bir oda var mı? 6. Güzel bir oda var mı?

4. 1. birinci 2. dördüncü 3. yedinci 4. on ikinci 5. yirmi üçüncü 6. kırk beşinci 7. elli altıncı 8. yetmiş sekizinci

Übungen B

2. 1. Bu büyük bir oda, ama o daha büyük bir oda. 2. Bu sessiz bir oda, ama o daha sessiz bir oda. 3. Bu güzel bir oda, ama o daha güzel bir oda. 4. Bu gürültülü bir oda, ama o daha gürültülü bir oda. 5. Bu küçük bir oda, ama o daha küçük bir oda. 6. Bu iyi bir oda, ama o daha iyi bir oda.

3. 1. – b., 2. – a., 3. – a., 4. – b.
Hörtext:
♦ Alo, resepsiyon.
● Oda numaram 111 (yüz on bir).
♦ Buyurun.
● Bu oda çok küçük. Daha büyük bir oda var mı?
♦ Evet var ama, yarından sonra.
● Tamam ama, televizyon bozuk ve sıcak su yok.
♦ Öyle mi? Hemen birini gönderiyorum.

4. 1. – b., 2. – a., 3. – b.

Lektion 6

Übungen A

2. 1. Bakar mısınız! 2. Buyurun? 3. Bir Türk Kahvesi lütfen. 4. Şekerli, şekersiz? 5. Şekersiz./Şekerli. 6. Hemen.

3. 1. Buralarda bir müze var mı? 2. Buralarda bir cami var mı? 3. Buralarda bir tiyatro var mı? 4. Buralarda bir park var mı? 5. Buralarda bir banka var mı? 6. Buralarda bir otopark var mı?

4. 1. Türk kahvesi var mı? 2. Ne içmek istiyorsunuz? 3. Taze çay var mı? 4. Buralarda bir sinema veya tiyatro var mı? 5. Ben kahve içmek istiyorum.

Übungen B

2. 1. Affedersiniz. Postane nerede? 2. Yayan beş dakika. 3. Trafik lambasından sağa dönün. 4. Doğru gidin. 5. Kavşaktan sola dönün.

3. 1. – a., 2. – b., 3. – a.
Hörtext:
♦ Günaydın. Buyurun?
● Bir açık çay lütfen.
▲ Ben bir Türk kahvesi içmek istiyorum.
♦ Hemen.
…
♦ Buyurun, bir açık çay, bir Türk kahvesi.
● Teşekkürler. Biz bugün Arkeoloji Müzesi'ne gitmek istiyoruz.
♦ Çok güzel …
▲ Biliyor musunuz müze nerede?
♦ Çok yakın. Caminin arkasında.
● Harika. Teşekkürler.

4. 1. – d., 2. – e., 3. – a., 4. – c., 5. – b.

Test 1

1. 1. – b., 2. – a., 3. – b., 4. – c., 5. – c., 6. – a.

2. 1. – g., 2. – f., 3. – e., 4. – a., 5. – h., 6. – c., 7. – d., 8. – b.

3. Mögliche Dialoge:
1. *Sie treffen Ihren Bekannten Bülent Yılmaz.*
● Merhaba Bülent. Nasılsın?
♦ Çok iyiyim. Ya sen?
● Ben de iyiyim. Görüşmek üzere.
♦ Görüşmek üzere.

2. *Sie halten einen Plausch mit einem/einer Fremden.*
● İyi günler. Nerelisiniz?
♦ Berlinli. Ya siz?
● Viyanalı. Mesleğiniz ne?
♦ Doktorum.

3. *Sie erkundigen sich an einem Fahrkartenschalter.*
● İyi günler/akşamlar, buyurun? Yolculuk nereye?
♦ Ankara'ya.
● Ne zaman?
♦ Bugün. Saat ikide/üçte/… Bilet ne kadar?
● … lira.

4. *Sie rufen bei einem Hotel zwecks Zimmerreservierung an.*
● İyi günler/akşamlar. Otel … Buyurun?
♦ İyi günler/akşamlar. Üç gün için bir oda ayırtmak istiyorum.
● Bir dakika. Adınız lütfen?
♦ Adım … Onayı e-posta ile gönderin lütfen. …

5. *Ihre Freundin Gül läuft Ihnen zufällig über den Weg.*
● Merhaba Gül. Nasılsın?
♦ İyiyim. Tanıştırayım: Arkadaşım Deniz …
● Memnun oldum. Türk müsünüz?
▲ Hayır, Almanım.

6. *Sie erkundigen sich an der Hotelrezeption.*
● Buralarda görmeğe değer yerler var mı?
♦ Çok şey var.
● Biz müzeye gitmek istiyoruz. Bir müze var mı?
♦ Evet, var. Topkapı Sarayı Müzesi … Çok yakın. Yayan 5-10 dakika.

4. 1. Şimdi saat kaç? 2. Çok teşekkürler. 3. Anlamıyorum. 4. Görüşmek üzere! 5. Bir çay lütfen! 6. Bir otel arıyorum. 7. Memnun oldum. 8. Turizm bürosu nerede?

Lektion 7

Übungen A

2. 1. – b., 2. – a., 3. – b.

3. 1. olarak, 2. bardak, 3. istiyorum, 4. masa, 5. kişilik

4. 1. – c., 2. – e., 3. – d., 4. – a., 5. – b.

Übungen B

2. 1. gördün 2. yedin 3. ısmarladım 4. ısmarladın 5. seçtiniz 6. içtik

3. 1. – b., 2. – a., 3. – a., 4. – b.

Hörtext:

♦ İyi akşamlar.
● İyi akşamlar, bir kişilik bir masa lütfen.
♦ Buyurun. Bu masa boş.
● Tamam, teşekkür.
♦ Buyurun, yemek listesi.
● Teşekkür.
...
♦ Yemek seçtiniz mi?
● Ne tavsiye edersiniz?
♦ Somon ızgara, çok taze.
● Tamam, bir somon ızgara ... Bir de salata lütfen!
♦ Ne içersiniz?
● Bir bardak beyaz şarap lütfen.
♦ Hemen ...
...
● Hesap lütfen!
♦ Afiyet olsun! ... Yemek nasıl? Beğendiniz mi?
● Çok lezzetli. Teşekkürler.

4. 1. Adana Kebap nasıl? 2. İyi, ama biraz tuzlu. 3. Tatlı ister misiniz? 4. Hayır, teşekkürler. Sadece bir kahve lütfen. 5. Hesap lütfen.

Lektion 8

E-Mail auf Türkisch!

1. – c., 2. – d., 3. – e., 4. – b., 5. – a.

Übungen A

2. 1. İnternete girmek istiyorum. 2. Tamam, bu bilgisayarı kullanın. 3. Skype™ var mı? 4. Üzgünüm Skype™ yok. 5. Son bir soru ... Renkli basmak mümkün mü? 6. Evet, mümkün. Sayfası elli kuruş.

3. 1. İnternete girmek istiyorum. 2. ... çalışmıyor. 3. Skype™ var mı? 4. Bana bir ara kablosu lazım. 5. Renkli basmak mümkün mü?

4. 1. Der Computer funktioniert nicht. 2. Wo ist der Drucker? 3. Ist es möglich, dieses Bild zu scannen? 4. Sie brauchen einen USB-Stick. 5. Die Verbindung ist sehr langsam.

Übungen B

2. 1. – d., 2. – c., 3. – a., 4. – b., 5. – e.

3. 1. – a., 2. – b., 3. – a.

Hörtext:

♦ İyi günler. Bir SİM kart almak istiyorum.
● Faturalı mı, faturasız mı?
♦ Faturasız SİM kart ne kadar?
● 20 (yirmi) lira.
♦ Tarife nasıl?
● Her yöne, dakikası 19 (on dokuz) kuruş.

4. 1. – d., 2. – e., 3. – c., 4. – b., 5. – a.

Lektion 9

Übungen A

2. 1. var mı 2. bozuk 3. vermiyor 4. etmeliyim 5. giriniz 6. girdim

3. 1. gelmeliyim 2. gitmelisin 3. vermeli 4. almalıyız 5. yapmalısınız 6. yemeliler

4. 1. Yirmi artı on dört eşittir otuz dört. 2. Otuz dört eksi otuz iki eşittir iki. 3. İki artı on yedi eşittir on dokuz. 4. On dokuz artı elli beş eşittir yetmiş dört. 5. Yetmiş dört eksi kırk iki eşittir otuz iki. 6. Otuz iki eksi on dokuz eşittir on üç.

7. On üç artı otuz altı eşittir kırk dokuz. 8. Kırk dokuz eksi on eşittir otuz dokuz. 9. Otuz dokuz eksi on dört eşittir yirmi beş. 10. Yirmi beş artı otuz eşittir elli beş. 11. Elli beş eksi dokuz eşittir kırk altı. 12. Kırk altı artı yirmi altı eşittir yetmiş iki.

Übungen B

2. 1. Merhaba, bu kartpostalları almak istiyorum. 2. Üç kartpostal … Başka bir şey? 3. Pul var mı? 4. Evet, var. 5. Üç pul lütfen! Toplam ne kadar? 6. Üç kartpostal, üç pul. Toplam 9 lira 60 kuruş.

3. 1. – b., 2. – b., 3. – a., 4. – a.
Hörtext:
♦ İyi günler. Buyurun?
● İyi günler. Kartpostal göndermek için bir pul istiyorum!
♦ Almanya'ya mı?
● Hayır, İsviçre'ye. Ne kadar?
♦ 2 (iki) lira 20 (yirmi) kuruş.
…
▲ Bu paketi İsviçre'ye göndermek istiyorum. Posta ücreti ne kadar?
♦ Normal, ekspres?
▲ Normal.
♦ Normal … 16 (on altı) lira 20 (yirmi) kuruş.

4. 1. Almanya'ya kartpostal ne kadar? 2. Avusturya'ya kartpostal ne kadar? 3. İsviçre'ye kartpostal ne kadar? 4. Türkiye'ye kartpostal ne kadar? 5. İtalya'ya kartpostal ne kadar? 6. Fransa'ya kartpostal ne kadar?

Lektion 10

Übungen A

2. 1. Buradan havaalanına nasıl giderim?
2. Buradan limana nasıl giderim?
3. Buradan tren istasyonuna nasıl giderim?
4. Buradan kent merkezine nasıl giderim?
5. Buradan hayvanat bahçesine nasıl giderim?
6. Buradan plaja nasıl giderim?
7. Buradan sinemaya nasıl giderim?
8. Buradan alışveriş merkezine nasıl giderim?

3. 1. – e., 2. – c., 3. – b., 4. – a., 5. – d.

4. 1. Bilet ücreti ne kadar? 2. Bir bilet lütfen. 3. Havaalanına gitmek istiyorum. 4. Son durakta inin! 5. Hangi hat limana gidiyor?

Übungen B

2. 1. – a., 2. – a., 3. – b.
Hörtext:
♦ Affedersiniz. Boş musunuz?
● Evet, buyurun … Nereye gitmek istiyorsunuz?
♦ Havaalanına lütfen.
…
● Bugün hava güneşli, ama yarın yağmur yağacak.
♦ Evet, biliyorum … Tam zamanında gidiyorum.
● Nereye uçacaksınız?
♦ Stuttgart'a.
● Peki, yarın Stuttgart'ta hava nasıl?
♦ Güneşli.
● Çok şanslısınız.

3. 1. – b., 2. – e., 3. – f., 4. – a., 5. – c.

4. 1. Bugün hava çok sıcak. 2. Hava soğuk ve kar yağıyor. 3. Hava güzel ve güneşli. 4. Hava kötü ve sisli. 5. Hava bulutlu ve rüzgarlı.

Lektion 11

Übungen A

2. 1. – a., 2. – b., 3. – b.

3. 1. Bir kilo patates lütfen. 2. Bir litre süt lütfen. 3. Yarım kilo şeftali lütfen. 4. İki kilo elma lütfen. 5. Üç kilo domates lütfen. 6. 200 (iki yüz) gram peynir lütfen.

4. 1. – e., 2. – a., 3. – d., 4. – f., 5. – b., 6. – c.

Übungen B

2. 1. Şu pantolonu görmek istiyorum. 2. Otuz sekiz (38) beden var mı? 3. Bunu denemek istiyorum. 4. Daha küçük/büyük beden var mı? 5. Bu çok dar/çok bol.

3. 1. Bu elbiseyi deneyebilir miyim? 2. Ne zaman gelebilirim? 3. Size çok yakışıyor. 4. Kırk (40) beden var mı? 5. Soyunma kabinleri nerede? 6. Hemen geliyorum.

4. 1. – a., 2. – b., 3. – a., 4. – b.
Hörtext:
♦ İyi günler. Buyurun?
● Şu ceketi denemek istiyorum.
♦ Yeşil ceket mi?
● Hayır, sarı.
♦ Bedeniniz kaç?
● 50 (elli).
♦ Buyurun. Soyunma kabinleri şurada.
● Teşekkürler.
…
♦ Beğendiniz mi?
● Çok dar. 52 (elli iki) beden var mı?
♦ Evet, var. Bir dakika lütfen!

Lektion 12

Wo drückt's denn?

1. – g., 2. – e., 3. – c., 4. – a., 5. – f., 6. – b., 7. – d., 8. – h.

Übungen A

2. 1. İyi günler, size nasıl yardım edebilirim? 2. Çok kötü üşüttüm. 3. Neyiniz var? 4. Dişim ağrıyor. 5. Size bir ağrı kesici yazıyorum. 6. Ayrıca dinlenmelisiniz.

3. 1. Başım ağrıyor. 2. Göğsüm ağrıyor. 3. Sırtım ağrıyor. 4. Kolum ağrıyor. 5. Dizim ağrıyor. 6. Ayağım ağrıyor.

4. 1. Başım dönüyor. 2. Neyiniz var? 3. Dinlenmelisiniz. 4. Size yardım edebilir miyim? 5. Günde 3 (üç) defa almalısınız.

Übungen B

2. 1. Bir reçete yazıyorum. 2. Karnım ağrıyor. 3. Hafif yemekler yemelisiniz. 4. Ciddi bir şey değil. 5. Kendimi iyi hissediyorum.

3. 1. – a., 2. – a., 3. – b., 4. – a.
Hörtext:
♦ Kendimi iyi hissetmiyorum.
● Neyiniz var?
♦ Karnım ağrıyor ve midem bulanıyor.
● Dün akşam ne yediniz?
♦ Sadece bir salata yedim.
● Herhalde hafif bir zehirlenme.
Bol su için ve dinlenin!
♦ Teşekkür ederim.
● Geçmiş olsun.

4. 1. – d., 2. – a., 3. – e., 4. – b., 5. – c.

Test 2

1. 1. – c., 2. – a., 3. – b., 4. – b., 5. – c., 6. – b.

2. 1. – e., 2. – g., 3. – a., 4. – f., 5. – b., 6. – c., 7. – h., 8. – d.

3. Mögliche Dialoge:
1. *Sie sind in einem Restaurant und wollen etwas zum Essen bestellen.*
● Buyurun, yemek ne alırsınız?
♦ Ne tavsiye edersiniz?
● Levrek ızgara tavsiye ederim? Çok taze.
♦ Tamam, bir levrek ızgara lütfen.

2. *Sie sind in einem Handyladen und wollen eine SIM-Karte kaufen.*
● İyi günler. Bir SİM kart almak istiyorum.
♦ Faturalı mı, faturasız mı?
● Faturasız ne kadar?
♦ Bu 25 (yirmi beş) lira.

3. *Sie sind wegen eines Problems mit Ihrer Kreditkarte auf der Bank.*
● Günaydın. Size nasıl yardımcı olabilirim?
♦ Galiba bankamatik bozuk.
● Ne oldu?
♦ Kartımı geri vermiyor.

4. *Sie erkundigen sich nach der besten Verbindung z. B. zum Flughafen.*

- ● Affedersiniz, havaalanına hangi otobüs gidiyor?
- ♦ 79 (yetmiş dokuz) numara.
- ● Aktarma yapmalı mıyım?
- ♦ Hayır, havaalanı son durak.

5. *Sie kaufen als Selbstversorger Obst und Gemüse auf einem Markt ein.*

- ● Buyurun. Arzunuz?
- ♦ Bir kilo elma lütfen.
- ● Tamam. Başka bir arzunuz var mı?
- ♦ Evet, yarım kilo muz ve bir kilo şeftali ... Toplam ne kadar?

6. *Sie haben Beschwerden und suchen die nächste Apotheke auf.*

- ● Neyiniz var?
- ♦ Boğazım ağrıyor.
- ● Ne zamandan beri?
- ♦ 3 (üç) günden beri.

4. 1. Bana yardım edebilir misiniz lütfen? 2. Başım dönüyor! 3. Kendimi iyi hissetmiyorum. 4. Kredi kartımı kaybettim. 5. Acı mı? 6. Hesabı getirebilir misiniz lütfen? 7. Yağmur yağabilir. 8. Sadece bakıyorum, teşekkürler.

Alphabetischer Wortschatz Türkisch – Deutsch

Die Zahl gibt die Lektion an, in der das Wort zum ersten Mal erscheint. Die Tilde ~ steht für den Eintrag. Verwendete Abkürzungen: *Ez.* = Einzahl, *Mz.* = Mehrzahl

A

abla ältere Schwester 1
acaba vielleicht, wohl, etwa 10
acı scharf *(Geschmack)* 7
açık (~ çay) geöffnet, offen, hell (heller Tee) 3
açmak anschalten, einschalten, öffnen 8
ad Name, Vorname 2
ada çayı Salbeitee 6
adaptör Adapter 5
Adınız/Adın ne? Wie ist Ihr/dein Name? 2
adres Adresse 4
Affedersiniz!? Verzeihen Sie!?, Entschuldigung!? 2
Afiyet olsun! Guten Appetit! 7
ağabey älterer Bruder 1
ağrı (~ kesici) Schmerz (Schmerzmittel) 12
ağrımak wehtun 12
ağustos August 4
ak weiß 11
akşam Abend 1
aktarma (~ yapmak) Umsteigen, Transfer (umsteigen) 10
alabalık Forelle 7
alerji Allergie 7
alet Gerät, Instrument 8
Aleykümselam! *wörtlich:* Friede sei ebenso mit Euch! *(Abschiedsfloskel, Erwiderung auf* Selamünaleyküm!*)* 1
alışveriş (~ yapmak/etmek) Einkaufen, Handel (einkaufen) 11
Allahaısmarladık! Auf Wiedersehen! *(sagt der Weggehende)* 1
almak nehmen, kaufen 7
Alman Deutsche/r, deutsch 2
Almanca Deutsch *(Sprache)* 9
Almanya Deutschland 2
alo? hallo? *(am Telefon)* 4
alt çizgi Unterstrich (_) 8
altı sechs 3
altmış sechzig 4
ama aber 4
amca Onkel 1
ameliyat (~ etmek) Operation (operieren) 12
an Augenblick, Moment 5
anahtar Schlüssel 5
anlamak verstehen 4
anne Mutter 2
antibiyotik Antibiotikum 12
apart otel Apartment-Hotel 4
ara (~ sokak) Abstand, Zwischenraum (Querstraße) 8
ara kablosu Verbindungskabel 8
araba Auto 5
araba vapuru Autofähre 10
aralık Dezember 4
aramak suchen 4
arka Hinterseite 6
arkada hinten 7
arkadaş Freund/in 1
arkeoloji Archäologie 6
artı plus (+) 3
arzu Wunsch 11
asansör Aufzug, Fahrstuhl 5
askı Kleiderbügel 5
aspirin® Aspirin® 12
aşağı yukarı etwa, ungefähr 10
aşk Liebe 11
ateş Fieber, Feuer 12
ATM [ateme] Geldautomat 9
avukat Anwalt, Anwältin 2
Avusturya Österreich 2
Avusturyalı Österreicher/in 2
ay Monat 10
ayak Fuß 12
ayak bileği Knöchel 12
ayakkabı Schuh 11
ayırtmak reservieren, buchen 7
aylık Monats-, pro Monat 10
ayran Ayran *(Joghurtgetränk)* 6
ayrı getrennt, separat 2
ayrıca außerdem 12
az wenig 6
az şekerli mittelsüß, mit wenig Zucker 6

B

baba Vater 2
bacak Bein 12
bagaj Gepäck 3
bagaj alım Gepäckabholung 3
bağlamak verbinden 8
bağlantı Verbindung, Anschluss 8
bakanlık (Sağlık Bakanlığı) Ministerium (Gesundheitsministerium) 12
Bakar mısınız! *hier:* Herr Ober! 6
bakırcı Kupferwarenhändler 11
bakkal Lebensmittelgeschäft 11
baklava Baklava *(Honig-Nuss-Strudel)* 6
bakmak schauen, ansehen 6
bal Honig 6
balık Fisch 7
balkon Balkon 5
bana mir 8
banka Bank 4
banka kartı EC-Karte, Bankkarte 9

bankamatik Geldautomat 9
banyo Bad, Badezimmer 5
bardak Glas 5
basmak drucken 8
baş Kopf 5
başka (~?) noch (Sonst noch etwas?) 5
battaniye Decke 5
bayi Verkäufer/in 9
bayram Fest 2
beden Körper, *hier:* Größe 11
beğenmek schmecken, gefallen, mögen 7
bekâr ledig 2
beklemek warten 9
belge Dokument, Bescheinigung 5
belki vielleicht, möglicherweise 10
ben ich 1
beni mich 12
benim mein/e 2
berbat furchtbar 10
berber Friseur/in 2
beri seit 12
beş fünf 3
Bey (… ~) Herr (Herr …) 1
beyanname Erklärung, Bekanntmachung 9
beyaz weiß 6
beyaz peynir Schafskäse 6
beyefendi mein Herr 1
bıçak Messer 7
biber Pfeffer, Paprika 7
bilet Fahrkarte, Ticket 3
bilet gişesi Fahrkartenschalter 10
bilgisayar Computer 8
bilmek wissen 6
bin (ein)tausend 5
binmek einsteigen 3
bir ein/e, eins 1
Bir şey değil! Bitte sehr!, Nichts zu danken! 2
bira Bier 6
birader Bruder 1
biraz etwas, wenig 3
biri *hier:* jemanden 5
birinci erste/r/s 5
birkaç einige, ein paar 5
bisiklet Fahrrad 10
bisiklet yolu Radweg 10
bize uns 8
blucin Jeans 11
bluz Bluse 11
boğaz Hals 12
bol weit; reichlich, reichhaltig 11
boş leer, frei 2
bozdurmak (um)wechseln 9
bozuk kaputt 5
bozulmak (midem bozuldu) kaputtgehen, schlecht werden (ich habe mir den Magen verdorben) 12
böcek Insekt 12
börek Börek *(Art Strudel mit diversen würzigen Füllungen)* 6
böyle so, auf diese Weise 1
bu diese/r/s (hier) 2
bu akşam heute Abend 5
buçuk halb 3
bugün heute 3
bugün öğleden sonra heute Nachmittag 5
bulanmak (midem bulanıyor) sich trüben (mir ist übel) 12
bulmak finden 1
buluşma Begegnung, Treffen 1
bulut Wolke 10
bulutlu bewölkt 10
bungalov Bungalow 4
bunlar diese (hier) Mz. 8
bunu diese/n/s (hier), den/die/das hier 7
burada hier 3
buradan von hier 10
buralarda hier irgendwo 6
burası hier, an dieser Stelle 12
buyurun bitte sehr, *auch:* Was kann ich für Sie tun? 3
buz Eis 11
buzdolabı Kühlschrank 5
büfe Tabak- und Zeitungskiosk, Büfett 3
büro Büro 3
bütün alle, ganz, vollständig 5
büyük groß 2

C

cacık Zaziki *(Joghurt mit fein gehackter Gurke und Knoblauch)* 7
cam Glas *(Material)* 2
cami Moschee 6
caz Jazz 6
CD CD 8
ceket Jacke, Sakko 11
cep Tasche *(in einem Kleidungsstück)* 4
cep telefonu Handy 4
chatleşmek chatten 8
ciddi ernst, ernsthaft 12
ciklet Kaugummi 9
cilt Haut 12
cilt doktoru Hautarzt, Hautärztin 12
cuma Freitag 5
cumartesi Samstag 5

Ç

çadır Zelt 5
çağırmak rufen 10
çakmak Feuerzeug 9
çalışmak arbeiten, *hier:* funktionieren 8
çarpmak (güneş ~) stoßen (einen Sonnenstich bekommen) 12
çarşaf Bettlaken 5
çarşamba Mittwoch 5
çarşı Markt, Basar 6
çatal Gabel 7
çay Tee 6
çekmek ziehen, *hier:* abheben 9

çeyrek Viertel 3
çıkarmak herausziehen, ausstellen, *hier:* fertig machen 5
çıktı almak drucken 8
çiçek Blume 7
çift Paar 11
çikolata Schokolade 6
çilek Erdbeere 11
çocuk Kind 2
çok sehr, viel 1
çorap Socken 11
çorba Suppe 7
çöp (~ kebap) Müll (am Spieß gegrillte kleine Fleischstücke) 7

D

daha mehr, noch (*Komparativpartikel*) 5
daha çok mehr 5
dahil inbegriffen 5
daire Apartment 4
dakika (bir ~) Minute (einen Moment) 4
danışman Berater/in 2
dans etmek tanzen 6
dar eng 11
de auch 1
dede Großvater, Opa 2
defa Mal 10
değer (görülmeğe ~) wert, würdig (sehenswert) 6
değil (~ mi?) nicht (nicht wahr?) 1
demiryolları Eisenbahn 3
denemek (an)probieren, versuchen 11
deniz Meer 5
deniz otobüsü Personenfähre, *wörtlich:* „Meerbus“ 10
derece Grad 10
dergi Zeitschrift 9
dilim Scheibe (*Brot, Fleisch*), *hier:* Stück (*Kuchen*) 6
dinlemek (zu)hören 6
dinlenmek sich ausruhen, sich erholen 12
disko Disko(thek) 6
diş Zahn 2
diş doktoru Zahnarzt, Zahnärztin 2
diz Knie 12
dizüstü bilgisayar Laptop 8
doğru geradeaus 6
doksan neunzig 4
doktor Arzt, Ärztin 1
dokuz neun 3
dolap Schrank 5
doldurmak ausfüllen 5
dolma Dolma (*meist mit Reis und Lammhack gefüllte Weinblätter*) 7
dolmuş Sammeltaxi 3
dolu voll, besetzt 5
dolu beschäftigt 1
domates Tomate 11
dondurma Eis(creme) 7
dosya Datei 8
doymak satt werden 7
dönmek (başım dönüyor) sich (um-) drehen, zurückkommen, zurückkehren, *auch:* abbiegen, (mir ist schwindlig) 6
dönüş Rückfahrt 3
dördüncü vierte/r/s 10
dört vier 3
döviz bürosu Wechselstube 9
dul verwitwet, geschieden 2
durak Haltestelle 3
durmak anhalten, stehen bleiben 3
duş Dusche 5
düğün Hochzeit 2
düğün çorbası *wörtlich:* Hochzeitssuppe (*mit Zitrone, Ei, Mehl und Fleisch zubereitete Suppe*) 7
dükkan Geschäft, Laden 8
dün gestern 5
dün akşam gestern Abend 5
dün gece gestern Nacht 5
düşmek fallen 12
düşük niedrig 12
düzeltme Korrektur 9

E

eczane Apotheke 12
efendi Herr 1
efendim! Hallo! (*am Telefon*) 8
eğik çizgi Schrägstrich (/) 8
ekim Oktober 4
ekmek Brot 7
ekran Bildschirm 8
eksi minus (–) 3
ekspres *hier:* per Eilzustellung 9
el Hand 12
el kremi Handcreme 12
elbise Kleid 11
eldiven Handschuhe 11
elli fünfzig 4
elma (~ suyu) Apfel (Apfelsaft) 6
elma çayı Apfeltee 6
e-mail E-Mail 4
emekli Rentner/in 2
emlakçı Immobilienmakler/in 2
en am meisten (*Superlativpartikel*) 3
en çok am meisten 5
en iyisi am besten 3
epey ziemlich, recht 3
e-posta E-Mail 4
e-posta adresi E-Mail-Adresse 4
erkek Mann 1
erkek kardeş (jüngerer) Bruder 1
eş Ehepartner/in 1
eşittir gleich (=) 3
et Fleisch 7
et at-Zeichen (@) 4
etek/eteklik Rock 11
etmek machen, tun 1
Euro Euro (€) 9
ev Haus 4
ev kadını Hausfrau 2
evet ja 2
evli verheiratet 2

eylül September 4
Eyvallah! Tschüss! 1

F

faks Fax 4
fare Maus (*allgemein und für den Computer*) 8
fatura Rechnung, *hier:* Handy-Vertrag 8
fena schlecht, schlimm, böse 1
feribot Fähre 10
festival Festival, Fest 6
fırın Bäckerei 11
fincan Mokkatasse 6
fiş Karteikarte, Formular, *hier:* Anmeldeformular 5
fiyat Preis 4
Fransa Frankreich 2
Fransız Franzose/Französin 2

G

galiba wahrscheinlich 9
gazete Zeitung 9
gazete bayisi Zeitungsverkäufer 9
gazeteci Journalist/in 2
gece Nacht 1
gecelik pro Nacht 4
geçmek vergehen (*zeitlich*), vorbeigehen, passieren 3
Geçmiş olsun! Gute Besserung! 12
geliş tarihi Ankunftsdatum 5
gelmek kommen 1
genç jung; Jugendlicher 1
gerçekten (~ ?) tatsächlich, wirklich (Echt?) 11
gerekli erforderlich 8
geri zurück 9
getirmek bringen, holen 7
gezi (~ haritası) Ausflug, Spaziergang, Wanderung (Wanderkarte) 11
gibi (ähnlich) wie 11
gidiş Hinfahrt 3
giriş Eingang, Einfahrt, *hier:* Bestätigen 9
girmek benutzen, eingeben, einführen 8
gişe Schalter 10
gitmek gehen, (hin)fahren 1
göbek taşı Liegeplatz (*in einem Hamam*) 12
göğüs (göğsüm) Brust (meine ~) 12
gömlek Hemd 11
göndermek (ab)schicken, senden 4
göre (tam size ~) gemäß, zufolge (so passt es Ihnen gut) 11
görmek sehen 6
görülmek gesehen werden 7
görüşmek sich treffen, sich sehen 1
Görüşmek üzere! Auf Wiedersehen! 1
Görüşürüz! Man sieht sich! 1
gram Gramm 11
gri grau 11
grip Grippe 12
Güle güle! Auf Wiedersehen! (*sagt der Bleibende*) 1
gümrük Zoll 9
gümrük beyannamesi Zollerklärung 9
gün Tag 1
Günaydın! Guten Morgen! 1
güneş Sonne 10
güneş kremi Sonnenschutzcreme 12
güneşli sonnig 10
günlük (~ bilet) Tages-, pro Tag (Tagesticket) 5
gürültülü laut 5
güveç *Schmorgericht aus Reis, Gemüse und Fleisch* 7
güzel schön 4

H

haber Nachricht, Neuigkeit 1
haber vermek Bescheid geben/sagen 10
haberleşme Kommunikation, Korrespondenz 8
haberleşmek in Verbindung bleiben, korrespondieren 8
hacı Pilger/in (*nach Mekka*) 1
hafif leicht 12
hafta Woche 10
haftalık Wochen-, pro Woche 10
halı Teppich 5
halıcı Teppichhändler 11
halk (~ müziği) Volk (Volksmusik) 6
hamam Hamam (*Dampfbad*) 6
hamsi Sardelle 7
hangi? welche/r/s? 3
Hanım (… ~) Frau (Frau …) 1
hanımefendi meine Dame 1
hap Tablette 12
harf Buchstabe 5
harika toll, wunderbar 4
harita Landkarte 11
hasta krank 1
hasta bakıcı Krankenpfleger 12
hastane Krankenhaus 12
hat (U-Bahn-)Linie 10
hava Wetter, Luft 6
havaalanı Flughafen 10
havalimanı Flughafen 10
havlu Handtuch 5
hayat Leben 1
hayat arkadaşı Lebensgefährte, Lebensgefährtin 1
hayır nein 2
hazımsızlık Verdauungsstörungen 12
haziran Juni 4
helva Helva (*Süßspeise aus Sesampaste*) 7
hemen gleich, sofort 5
hemşire Krankenschwester 1

hepsi (~ bu kadar!) alle (zusammen), alles (das ist alles!) 11

her jede/r/s 1

her şey alles 1

her zaman immer 10

herhalde wahrscheinlich 12

herkes jede/r/s 9

hesap Rechnung, Konto 5

hesap numarası Kontonummer 9

hıyar Gurke 11

hiç (~ bir şey) gar, überhaupt (gar nichts) 7

hissetmek (sich) fühlen, empfinden 12

Hollanda Niederlande 2

Hollandalı Niederländer/in 2

hoş angenehm, erfreulich 1

Hoş bulduk! *wörtlich:* Wir haben es angenehm gefunden! *(Erwiderung auf:* Hoş geldin/geldiniz!*)* 1

Hoş geldin! Sei willkommen 1

Hoş geldiniz! Seien Sie/Seid willkommen! 1

hoşça angenehm 1

Hoşça kal/ın! Alles Gute!, Mach's/macht's gut! 1

hukuk Jura 2

hurma Dattel 11

I

ısırmak beißen 12

ısmarlamak bestellen 7

ışık Licht 5

ızgara Grill, Grillrost 7

İ

İBAN numarası IBAN-Code 9

içecek Getränk 7

içeri Innere/s 5

içeriye herein 5

için für 4

içmek trinken 6

iki zwei 3

ikinci zweite/r/s 5

ilaç Medizin, Medikament 12

ile mit 4

ileride vorne, weiter vorne 6

ilginç interessant 6

ilk erste/r/s 1

ilk yardım Erste-Hilfe(-Station) 12

imam Imam *(islamischer Geistlicher)* 1

imza Unterschrift 5

incir Feige 11

indirmek herunterladen 8

İngiliz Engländer/in 2

İngilizce Englisch *(Sprache)* 9

İngiltere England 2

inmek aussteigen, hinuntergehen 3

internet Internet 8

internet kamerası Webcam 8

iptal Abbruch 9

ishal Durchfall 12

iskele Anlegeplatz 10

İspanya Spanien 2

İspanyol Spanier/in 2

istasyon Station, Bahnhof 3

istemek wollen, mögen 4

İsviçre Schweiz 2

İsviçre frankı Schweizer Franken 9

İsviçreli Schweizer/in 2

iş Arbeit 2

işçi Arbeiter/in 2

işlem Vorgang, Transaktion 9

işte hier ist/sind 3

İtalya Italien 2

İtalyan Italiener/in 2

iyi gut 1

İyi akşamlar! Guten Abend! 1

İyi eğlenceler! Viel Spaß! Test 2

İyi geceler! Gute Nacht! 1

İyi günler! Guten Tag! 1

İyi yolculuklar! Gute Reise! 1

J

jambon Schinken 11

K

kabak Kürbis, Zucchini 7

kabak çiçeği Kürbisblüte 7

kabin Kabine 11

kablo Kabel 8

kaç? wie viel? 2

kaça? zu wie viel? 11

kadar bis 3

kadayıf *geröstete Fladennudeln* 6

kadın Frau 12

kadın doktoru Frauenarzt, Frauenärztin 12

kafe Café 6

kağıt Papier 5

kahvaltı Frühstück 4

kahve Kaffee 6

kahve/kahvehane Kaffeehaus *(traditionell)* 6

kahverengi braun 11

kalkmak abfahren, aufstehen 3

kalmak bleiben, *auch:* behalten 1

kalorifer Heizung 5

kamera Kamera 8

kamp Campingplatz 4

kamp yapmak campen 5

kap Becher 11

kapalı geschlossen 3

kapatmak schließen, zumachen, ausmachen, abschalten 5

kapı Tür 5

kapuçino Cappuccino 6

kar Schnee 10

kara schwarz 11

karavan Wohnmobil, Wohnwagen 5

kardeş Bruder, Schwester, Geschwister Ez. 1

karı Ehefrau 1

karın (karnım) Bauch (mein ~) 12

karlı verschneit, es schneit 10

karpuz Wassermelone 7

karşı gegenüber, gegen 3

kart Karte 8

kartpostal Postkarte 9

kasap Metzger 11
kasap dükkanı Metzgerei 11
kasım November 4
kaşar Hartkäse 6
kaşık Löffel 7
kaşkol Schal 11
kat Stockwerk 5
kavanoz Glas, Einmachglas 11
kavşak Kreuzung 6
kavun Honigmelone 7
kaybetmek verlieren 8
kaydetmek speichern 8
kayısı Aprikose 11
kaymak frischer Rahm 6
kazak Pullover 11
kebap Kebap (*gegrilltes/gebratenes Fleisch*) 7
kefal Meeräsche 7
kendi (Kendine iyi bak!) selber, selbst (Pass auf dich auf!) 12
kent Stadt 3
kent merkezi Stadtzentrum 3
kese Kese (*Seifenschaum-Massage/Peeling mit einem Handschuh aus Wildseide oder Ziegenfell*) 12
kesilmek abgebrochen werden 9
kılıç (~ balığı) Schwert (Schwertfisch) 7
kırk vierzig 4
kırmızı rot 6
kısa kurz 11
kısa çizgi Bindestrich (-) 8
kız Mädchen, Tochter 1
kız kardeş (jüngere) Schwester 1
kızartmak braten, rösten 7
kibrit Streichhölzer 9
kilo Kilo 11
kilometre Kilometer 11
kim? wer? 7
kime? wem?, zu wem? 8
kimlik Ausweis, Personalausweis 5
kiralamak mieten 4
kişi Person 4
kişi başına pro Person 4
kitap Buch 9
klasik klassisch 6
klavye Tastatur 8
klima Klimaanlage 5
koca Ehemann 1
kodlamak *hier:* buchstabieren 4
kol Arm 12
kolay leicht, einfach 6
komisyon Provision (*z. B. beim Geldwechseln*) 9
konaklama Unterkunft 4
konser Konzert 6
konuşmak sprechen 4
kopyalamak kopieren 8
korkunç schrecklich 10
koyu dunkel, dick (*Flüssigkeit*) 6
köfte Köfte (*stark gewürzte, gebratene oder gegrillte Hackfleischbällchen*) 7
köpek Hund 12
kötü schlecht 10
kredi Kredit 5
kredi kartı Kreditkarte 5
krem Creme 12
kulaklık Kopfhörer 8
kullanıcı Nutzer 8
kullanmak benutzen, gebrauchen, verwenden 8
kurban Opfer 2
Kurban Bayramı Opferfest 2
kuruş Kuruş (*türkische Währungseinheit: 1 Lira = 100 Kuruş*) 8
kuruyemişçi Dörrobsthändler 11
kusmak brechen, sich übergeben 12
kutu Dose, Schachtel 9
kuzu Lamm(fleisch) 7
küçük klein 5
küçük paket Päckchen 9
kül Asche 5
kül tablası Aschenbecher 5
kürdan Zahnstocher 7

L

lamba Lampe 5
lavabo Waschbecken 5
lazım nötig, notwendig 5
levrek Barsch 7
leylak (~ rengi) Flieder (lila) 11
lezzetli lecker 7
liman Hafen 10
limon Zitrone 7
lira Lira (*türkische Währungseinheit: 1 Lira = 100 Kuruş*) 3
liste Liste 7
litre Liter 11
lokanta Restaurant, Lokal, einfaches Gasthaus 6
lokma Lokma (*frittierte, in Zuckersirup oder Honig getränkte Krapfen*) 7
lokum Lokum (*weich-klebrige Süßigkeit auf Sirupbasis*) 7
lüfer Blaufisch 7
lütfen bitte 3

M

maalesef leider 5
makbuz Quittung 9
manav Obst- und Gemüsehändler 11
manav dükkanı Obst- und Gemüsegeschäft 11
mantı Mantı (*mit Hackfleisch gefüllte Teigtäschchen*) 7
market Supermarkt 6
mart März 4
masa Tisch 5
mavi blau 11
mayıs Mai 4
mektup Brief 9
memnun zufrieden, glücklich 1
Memnun oldum! Sehr erfreut! 1
memur Beamter/Beamtin; Angestellte/r 1
menü Speisekarte 7

merak Sorge, Besorgnis, Neugier 9
merak etmek sich sorgen 9
mercan Rotbrasse 7
mercimek Linse 7
Merhaba! Hallo!, Grüß dich/euch! 1
merkez Zentrum 3
Mersi! Danke! 2
mesaj Nachricht, SMS 8
Mesleğiniz/Mesleğin ne? Was sind Sie/bist du von Beruf? 2
meslek Beruf 2
meslektaş Kollege/Kollegin 1
metro U-Bahn 3
metro istasyonu U-Bahn-Station 3
meydan Platz 6
meyhane Kneipe, Taverne, Restaurant *(traditionell)* 4
meyva Obst 7
meze Vorspeise 7
mi *(Fragepartikel)* 2
mide Magen 12
mikrofon Mikrofon 8
milyon Million 5
mimar Architekt/in 2
minibüs Kleinbus 3
mola Pause, Rast 3
motel Motel 4
MP3 çalar MP3-Player 8
muayene (~ etmek) Untersuchung (untersuchen) 12
muhallebici *(Art Konditorei, die auf Süßspeisen, Pudding und Eis spezialisiert ist)* 7
musluk Hahn *(Wasser, Gas usw.)* 5
muz Banane 11
mühendis Ingenieur/in 2
mümkün möglich 8
Münih München 2
müze Museum 3
müzik Musik 6

N

nane Pfefferminze 6
nane çayı Pfefferminztee 6
nar Granatapfel 11
nasıl? wie? 1
Nasılsın? Wie geht's dir? 1
Nasılsınız? Wie geht es Ihnen? 1
ne? was? 1
Ne haber? Was gibt's Neues? 1
Ne kadar? Was kostet es?, Wie lange?, Wie viel? 3
Ne kadarlık? Für wie viel? 8
Ne var ne yok? Wie geht's, wie steht's? 1
Ne yazık! Oh je!, Wie schade! 1
ne zaman? wann? 3
nerede? wo? 3
Nerelisin? Woher kommst du? 2
Nerelisiniz? Woher kommen Sie? 2
neresi? an wecher Stelle? 12
nereye? wohin? 2
Neskafe® Nescafé® 6
neyle? womit? 4
nezle Schnupfen 12
nine Großmutter, Oma 2
nisan April 4
nişanlı Verlobte/r 1
nokta Punkt 8
normal normal 9
numara Nummer 3

O

o er, sie; diese/r/s (dort), jene/r/s 1
o halde dann, in diesem Fall 12
ocak Januar 4
oda Zimmer 4
oğul (oğlum) Sohn (mein ~) 2
okumak lesen, lernen, studieren 2
olarak als 7
olmak sein, werden 1
on zehn 3
ona ihm, ihr 8
onay Bestätigung 4
onay belgesi Buchungsbestätigung 5
onlar diese dort, jene Mz. 8
onlara ihnen 8
onun sein/e, ihr/e 2
orada dort 3
orta Mitte, mittel- 6
orta şekerli mittelsüß, mit wenig Zucker 6
otel Hotel 4
otobüs Bus 3
otobüs durağı Bushaltestelle 3
otogar Busbahnhof 3
otopark Parkhaus 6
oturmak sich setzen, sitzen, wohnen 5
otuz dreißig 3
ödemek (be)zahlen 5
öğle Mittag 5
öğrenci Student/in 2
öğretmen Lehrer/in 2
öksürük Husten 12
öksürük şurubu Hustensaft 12
ön Vorderseite 6
önce vor, vorher 12
öyle (~ mi?) so (Ist das so?) 5
özel (~ pul) besondere/r/s, Sonder- (Sondermarke) 9
özellik Spezialität 7

P

pahalı teuer 4
paket Packung, Paket, Päckchen 9
pansiyon Pension 4
pansuman (~ yapmak) Verband (verbinden) 12
pantolon Hose 11
para Geld 8
para yükleme kartı Aufladekarte *(fürs Handy)* 8
paralel parallel 6

parça Stück 11
Pardon! Entschuldigung! 7
park Park 6
park yeri Parkplatz 4
pasaport Reisepass 5
pasta Kuchen 6
pasta(ha)ne *(Art Konditorei-Café)* 6
paşa Pascha *(osmanischer Titel)* 4
patates Kartoffel 11
patlıcan Aubergine 7
pazar Sonntag 5
pazar Wochenmarkt 11
pazartesi Montag 5
peçete Serviette 7
peki na gut, und 8
pencere Fenster 5
perde Vorhang 5
perşembe Donnerstag 5
peşin in bar 5
peştamal Badetuch 12
peynir Käse 6
PIN kodu PIN-Code 8
pide Pide *(im Ofen gebackenes, belegtes Fladenbrot)* 7
pilaki kaltes Bohnengericht 7
pirzola Kotelett, Rippchen 7
plaj Strand 4
poğaça *(Mürbeteigpastete)* 6
polis Polizei 11
polisiye roman Krimi 11
porsiyon Portion 7
portakal (~ suyu) Orange (Orangensaft) 6
posta kutusu Briefkasten 9
postane Post, Postamt 6
print etmek ausdrucken 8
priz Steckdose 5
problem Problem 5
pul Briefmarke 9
puro Zigarre 9

R

rakı Rakı *(Anisschnaps)* 6
reçel Marmelade 11
reçete Rezept 12
renk Farbe 11
renkli in Farbe, bunt 8
resepsiyon Rezeption 5
resim Bild, Foto 8
restoran Restaurant 4
rezervasyon Reservierung, Buchung 5
rok Rock(musik) 6
roman Roman 11
rüzgar Wind 10
rüzgarlı windig 10

S

saat Stunde, Uhr 3
Saat kaç? Wie viel Uhr/Wie spät ist es? 3
Saat kaçta? Um wie viel Uhr? 3
sabah Morgen 5
sade einfach, rein, *hier:* ohne Zucker 6
sadece nur 4
sağ rechte/r/s, rechte Seite 6
sağlık Gesundheit 12
sahil Küste *(am Meer)* 4
sakız Kaugummi 9
salata Salat 7
Salı Dienstag 5
sana dir 8
sandalye Stuhl 5
sanmak denken 10
santim, santimetre Zentimeter 11
sarı gelb 11
sarma Roulade 7
sarmak verbinden 12
satış elemanı Verkäufer, Vertreter 2
sayfa Seite *(im Buch, Internet etc.)* 8
Saygılarımla! Mit freundlichen Grüßen! *(Abschlussfloskel in einem Brief oder einer E-Mail)* 4
sayın geehrte/r, verehrte/r *(Anrede in Briefen oder E-Mails)* 4
seçmek (aus)wählen 7
sek trocken *(Wein)* 7
sekiz acht 3
sekreter Sekretär/in 2
seksen achtzig 4
selam Gruß 9
Selam! Hallo!, Grüß dich/euch! 1
Selamünaleyküm! *wörtlich:* Friede sei mit Euch! *(Abschiedsfloskel)* 1
sen du 1
senin dein/e 2
sergi Ausstellung 6
servis Service 9
ses Stimme, Ton, Geräusch 4
sesle laut 4
sessiz ruhig, leise 4
Sevgiler! *hier:* Alles Liebe! 9
sevgili lieb 9
seyahat rehberi Reiseführer 11
sıcak warm, heiß 5
sıcak yemek *hier:* Hauptgericht 7
sıfır null 3
sığır Rind 7
SİM kart SIM-Karte 8
sırt Rücken 12
sifon Wasserspülung 5
sigara Zigarette 9
sigara böreği *(lang gezogene Börek)* 7
silmek löschen 8
simit Sesamkringel 6
sinema Kino 6
sinir (~ ilacı) Nerv (Beruhigungsmittel) 12
sirke Essig 7
sis Nebel 10
sisli neblig 10
sivrisinek Stechmücke 12
siyah schwarz 11
siz ihr, Sie 1
size euch, Ihnen 8
sizin ihr, Sie 2
SMS SMS 8

soda Mineralwasser *(mit Kohlensäure)* 6
soğuk kalt 5
sokak Straße 5
sokmak stechen 12
sol linke/r/s, linke Seite 6
somon Lachs 7
son (~ bir soru) Ende, letzte/r/s (eine letzte Frage) 8
son durak Endhaltestelle 10
sonra nach, danach, später 5
soru Frage 8
soyadı Nachname, Familienname 5
soyunma kabini Umkleidekabine 11
soyunmak sich ausziehen, sich entkleiden 11
sözleşmeli vertraglich, *hier*: mit Handy-Vertrag 8
su Wasser 5
su musluğu Wasserhahn 5
süpermarket Supermarkt 4
sürmek dauern 3
süt Milch 7
sütlaç Milchreis 7

Ş

şal Schal 11
şans Glück 1
şanslı glücklich, Glück habend 10
şarap Wein 6
şarj aleti Ladegerät *(z. B. fürs Handy)* 8
şeftali Pfirsich 11
şehir Stadt 10
şehirlerarası otobüs Überlandbus 10
şeker Zucker 2
Şeker Bayramı Zuckerfest 2
şekerleme Süßigkeiten 9
şekerli süß, mit Zucker 6
şekersiz ohne Zucker 6
Şerefe! Prost! 7
şey Sache, Ding 1
şifre Passwort, Geheimzahl 8
şikayet Beschwerde 12
şimdi jetzt 3
şiş Spieß, Bratspieß 7
şişe Flasche 7
şoför Fahrer 10
şöyle so, derart, folgendermaßen 1
Şöyle böyle! Es geht so (einigermaßen)! 1
şu diese/r/s (da) 8
şubat Februar 4
şunlar diese (da) Mz. 8
şurada dort 11

T

taahhütlü per Einschreiben 9
tabii natürlich, selbstverständlich, klar 5
tabla Tablett 5
taksi Taxi 3
taksi durağı Taxistand 3
taksi şoförü Taxifahrer 10
taksimetre Taxameter 3
tam ganz, vollständig 10
tamam alles klar, einverstanden, O.K. 1
tane Stück 8
tanışma Kennenlernen 2
tanışmak sich kennenlernen 2
tanıştırmak jemanden vorstellen 1
tansiyon Blutdruck 12
taraf Seite 5
taramak scannen 8
tarayıcı Scanner 8
tarife Tarif 8
tarih Datum 5
tatil Ferien, Urlaub 4
tatlı süß, Dessert, Nachspeise 7
tavla Backgammon 6
tavsiye Empfehlung 7
tavsiye etmek empfehlen 7
tavuk Henne, Hähnchen 7
taze frisch 6
tek Einzel-, einzelne/r/s 4
tek kişilik für eine Person 4
tekrar wieder, Wiederholung 1
tekrar etmek wiederholen 4
telefon Telefon 4
telefon etmek telefonieren 8
telefon kartı Telefonkarte 8
telefon kodu Vorwahl 8
telefon numarası Telefonnummer 4
televizyon Fernseher 5
telgraf Telegramm 9
tellak *(Bademeister-Masseur)* 12
temiz sauber 4
temmuz Juli 4
Teşekkür ederim! Ich danke!, Ich bedanke mich! 1
teşekkür etmek danken, bedanken 1
Teşekkürler! Danke! 2
teşkilat Organisation 9
teyze Tante 1
tıkalı verstopft 5
tıklamak anklicken 8
tıp Medizin 2
tişört T-Shirt 11
tiyatro Theater 6
ton balığı Thunfisch 11
toplam Summe, Gesamtbetrag 6
trafik Verkehr 6
trafik lambası Ampel 6
tramvay Straßenbahn 3
tren Zug 3
tren istasyonu Bahnhof 3
turizm Tourismus 3
turizm bürosu Touristeninformation 3
turşu Essiggemüse *(eingelegt)* 7
turuncu orange 11
tuş Taste 9
tuvalet Toilette 5
tuvalet kağıdı Toilettenpapier 5

tuz Salz 6
tüccar Händler/in 2
Türk Türke/in, türkisch 2
Türk kahvesi türkischer Kaffee (*aufgekochter Mokka*) 6
Türkçe Türkisch (*Sprache*) 4
Türkiye Türkei 2
Türkoloji Turkologie 2
tütün Tabak 11
tütüncü dükkanı Tabakladen 11

U

ucuz preiswert, billig 4
uçak (uçakla) Flugzeug (per Luftpost) 9
uçmak fliegen 10
ulaşmak erreichen, gelangen, *hier:* ankommen 9
unutmak vergessen 9
USB bellek USB-Stick 8
USB stik USB-Stick 8
uskumru Makrele 7
usul Art, Weise 7
uyku ilacı Schlafmittel 12
uyumak schlafen 12
uzak weit (entfernt) 3
uzun lang 11
ücret Gebühr 9
üç drei 3
üçüncü dritte/r/s 5
Üstü kalsın! Stimmt so!, Behalten Sie das Wechselgeld! 10
üşütmek sich erkälten 12
üzere auf, über, um zu 1
üzerine über 11
üzgün traurig, unglücklich 1
Üzgünüm! Das tut mir (für dich) leid! 1
üzüm Traube 11

V

valiz Koffer 3
vantilatör Ventilator 5
vapur Dampfschiff 10
var es gibt, haben, vorhanden sein 1
varmak ankommen 10
ve und 2
vejetaryen Vegetarier/in 7
vermek geben 3
veya oder 4
Viyana Wien 2

Y

ya und, oder (*in Fragen*) 1
yabanarısı Wespe 12
yağ Öl, Fett 7
yağmak regnen 10
yağmur Regen 10
yağmurlu verregnet, es regnet 10
yakın nah, in der Nähe 3
yakında bald, in der Nähe 1
yakışmak (size çok yakışıyor) (gut) stehen, passen (es steht Ihnen sehr gut) 11
yakmak verbrennen 12
yalnız nur 3
yan (~ sokak) Seite, Richtung (Nebenstraße) 6
yani das heißt, nämlich 10
yanlış falsch 9
yapmak machen 2
yardım Hilfe 6
yardım etmek helfen 8
yardımcı behilflich 12
yarı Hälfte 9
yarım (~ saat) halb (halbe Stunde) 6
yarın morgen 5
yastık Kissen 5
yaş Alter 2
yaşında im Alter von 2
yatak Bett 4
yatıştırıcı (~ ilaç) beruhigend, (Beruhigungsmittel) 12
yavaş langsam 4
yayan zu Fuß 3
yayla Hochebene 7
yayla çorbası (*Joghurtsuppe*) 7
yazıcı Drucker 8
Yazık! Oh je!, Wie schade! 1
yazılmak *hier:* sich schreiben 4
yazmak schreiben 4
yedi sieben 3
yemek essen, Essen 7
yemek kitabı Kochbuch 11
yemek listesi Speisekarte 7
yer Platz, Ort, Stelle 2
yeşil grün 11
yeter (~!) genügend, ausreichend (Es reicht!) 11
yetmiş siebzig 4
yılan Schlange 12
yine (~ bekleriz!) wieder, noch einmal (Beehren Sie uns wieder!) 11
yirmi zwanzig 2
yoğurt Joghurt 11
yok es gibt nicht/kein, nicht haben, nicht vorhanden sein 1
yol Straße, Weg 3
yolculuk Reise 1
yorgun müde 1
yön Richtung, Seite, *auch:* Handynetz 8
Yunan Grieche/in 2
Yunanistan Griechenland 2
yurt Heim, Heimat 4
yüklemek (auf)laden 8
yüksek hoch, erhöht 4
yüz (ein)hundert 4

Z

zaman Zeit 3
zarf Umschlag, Kuvert 9
zehirlenme Vergiftung, *hier:* Lebensmittelvergiftung 12
zemin Grund, Boden 5
zemin katı Erdgeschoss 5
zeytin Olive 7
zeytinyağı Olivenöl 7
Zürih Zürich 2

Quellenverzeichnis

S. 7: © Thinkstock/Lite Productions
S. 12: © iStockphoto/michellegibson
S. 13: *oben* © Thinkstock/Fuse; *unten* © Thinkstock/Hemera
S. 14: Izmir, Konak-Platz © iStockphoto/prognone
S. 15: © PantherMedia/JCB Prod
S. 20: © PantherMedia/kantilal patel
S. 21: *oben* © iStockphoto/mujdatuzel; *unten* © PantherMedia/Gulay Sakalli
S. 22: Ankara, Atatürk-Mausoleum © iStockphoto/Giancana
S. 23: © Digital Wisdom
S. 28: © Thinkstock/iStockphoto
S. 29: *oben* © iStockphoto/muharremz; *unten* © Thinkstock/iStockphoto
S. 30: Istanbul, Galataturm © Thinkstock/iStockphoto
S. 31: © iStockphoto/maxphotography
S. 36: © J. Frank, München
S. 37: Antalya (*oben*) © fotolia/sadik ucok; Bodrum (*unten*) © Thinkstock/iStockphoto
S. 38: Antalya © fotolia/Nikolai Sorokin
S. 39: © Thinkstock/iStockphoto
S. 44: © J. Frank, München
S. 45: Istanbul, Çırağan-Palast (*oben*) © Thinkstock/iStockphoto; Taurusgebirge (*unten*) © iStockphoto/Rafal Belzowski
S. 46: Kappadokien © PantherMedia/Tatiana Popova
S. 47: © dpa Picture-Alliance/Rainer Hackenberg
S. 52: © iStockphoto/luisapuccini
S. 53: *oben* © iStockphoto/vm; *unten* © iStockphoto/EricVega
S. 54: Ephesus © Thinkstock/iStockphoto
S. 57: © Thinkstock/iStockphoto
S. 62: © iStockphoto/oneclearvision
S. 63: Baklava © Thinkstock/iStockphoto; Vorspeisen © J. Frank, München
S. 64: Bodrum, Kastell von St. Peter © iStockphoto/sumbul
S. 65: © fotolia/ft_photography
S. 70: © Thinkstock/Photodisc/Jack Hollingsworth
S. 71: Istanbul, Eminönü-Pier (*oben*) © iStockphoto/Peterfactors; *unten* © iStockphoto/airportrait
S. 72: Bursa © PantherMedia/Muharrem Zengin
S. 73: Pamukkale, Sinterterrassen © Thinkstock/iStockphoto; Ölringer © dpa Picture-Alliance/epa Kerim Okten; Alanya, Roter Turm© Thinkstock/iStockphoto
S. 78: © Thinkstock/iStockphoto
S. 79: *oben* © iStockphoto/delihayat; *unten* © JOKER/Erich Haefele
S. 80: Trapezunt © iStockphoto/gece33
S. 81: Salda-Gölü-See (links *oben*) © iStockphoto/mujdatuzel; Alanya, Kleopatra-Strand (rechts *oben*) © fotolia/Jaroslaw Grudzinski; links *unten* und *Mitte* © Thinkstock/iStockphoto; rechts *unten* © iStockphoto/ozgurdonmaz
S. 86: Istanbul, Eminönü-Viertel © iStockphoto/largeformat4x5
S. 87: *oben* © J. Frank, München; *unten* © iStockphoto/sguler
S. 88: Derwische des Mevlevi-Ordens © Thinkstock/Ingram Publishing
S. 89: © iStockphoto/uchar
S. 94: © Thinkstock/iStockphoto
S. 95: *oben* © Thinkstock/iStockphoto; Istanbul, Großer Basar (*unten*) © iStockphoto/holgs
S. 96: Pamukkale © Thinkstock/iStockphoto
S. 97: © Thinkstock/iStockphoto
S. 102: © Doğan Tezel, Berlin
S. 103: *oben* © Thinkstock/Wavebreak Media; *unten* © iStockphoto/HAYKIRDI
S. 104: Ölüdeniz © Thinkstock/iStockphoto